特別支援教育サポートBOOKS

幼児・児童期の
「つまずき気づき
チャート」つき

通級指導教室・療育で活かせる！

発達障害のある子への アセスメントと 指導プログラム

高畑 英樹・高畑 芳美 著
竹田契一 推薦（大阪教育大学名誉教授）

コピー＆データ
ダウンロードできる！
豊富な資料
●アセスメントシート
●プログラム記録・評価シート
●指導用の教材プリント

JN032932

明治図書

はじめに

　お医者さんは，病気を治し，命を救う仕事です。見立てや処置や手術を失敗すれば，結果として，患者さんの症状が悪化し，命を失うことになりかねません。療育や教育はどうでしょうか。支援や指導が失敗したとしても，すぐに命に影響を及ぼすことはないでしょう。しかし，その失敗が子どもの自信や意欲を削ぎ，保護者の不安を駆り立て，親子関係を悪化させることにつながるかもしれません。療育や教育に関わる者としては，子どもや保護者の心や未来を預かっていることを念頭に日々の支援や指導にあたっていきたいですね。

　と，いっても，日々の支援や指導を考えることで精一杯で先のことまで考えられない，見立てはできたが，将来的な自立の視点を踏まえた支援や指導が思いつかないと悩む支援者や指導者の方々がおられるのではないかと思います。

　そこで，幼児期や児童期のつまずきに応じた指導プログラムを，本書でまとめました。第2章では，幼児期での指導プログラムを，第3章では，児童期での指導プログラムを紹介しています。幼児期，児童期のつまずきチャートでその子どもに合った指導プログラムを見つけて，指導を開始できます。各ステップでの指導の極意を解説していますので，極意をもとに，指導の内容や展開は，子どもに応じてアレンジして下さい。各プログラムは8回で終了を目安として構成していますが，子どもによっては，さらに回数が必要な場合も出てくるとは思います。私達が想定した子どもと本書を手に取られている読者の方が担当されている子どもとは違っていますので，本書の通りに支援や指導が進まないこともあるでしょう。大切なことは，本書通りの内容を行うことではなく，子どもの反応や気づきにアンテナを張り巡らせ，子どもの反応や気づきを活かす支援や指導を行うことです。

　支援や指導がうまくいかないときには，子どもの見立てを再度，ふり返る必要があります。その時には，第1章のアセスメントをご活用ください。見立てでの子どもの特性や配慮，「できていること」「得意なこと」の見落としはないでしょうか。子どものよさを支援や指導に活かすことができているでしょうか。

　この1冊ですべての子どもの指導プログラムをお伝えすることは不可能ですが，1人でも，多くのお子さんが「自信」や「意欲」がもて，保護者の不安が軽くなり，将来に向けた今を楽しみながら送れるようになることを心から願っております。

ニャンジー先生こと，高畑英樹

目次

第3章 小学校 児童の指導 ステップアッププログラム

資料

コラム

おわりに

ニンジャー先生　　　　　　　　　　ニャンコ先生

第1章

発達障害のある子どもの
苦手さを見とるアセスメント

1 発達段階に応じた 子どもの課題と対応

1 自閉スペクトラム症（ASD）の子ども

　最近は，乳幼児健診後，2歳前後から発達の気になる子どもの療育を始めるところが増えてきました。しかし，入園後に，応答性の乏しさや，1番や正解へのこだわりの執着度，ゲームやテストでの失敗を極端に嫌がるなどの問題から，ASDと気づかれることもあります。

　学童期は，漢字を覚えたり計算は早くできたりする反面，文章題の文意の読み取りや，総合学習で友達と協力する時における場の雰囲気の読みにくさなどが出てきます。

　思春期以降は，不安から強迫的な行動が出現し，学校への行き渋りを起こすなどが出やすくなります。また，ゲームや趣味に執着しすぎ，昼夜逆転など生活ペースが崩れやすくなります。自分なりの学習スタイルで大学に進学できても，自己イメージと他者イメージのずれを感じにくく，就職活動で苦労する場合もあります。

　ASDの子どもの乳幼児期，学童期，思春期以降の課題と，保護者の困り感，その対応のポイントを示すと，下表のようになります。

時期	乳児期	幼児期	学童期	思春期以降
子どもの困り感	小さな音でもすぐ起きる／どんな場所でも平気で寝る あやされるのが苦手 離乳期以降偏食	ことばの遅れ 感覚過敏／鈍感 こだわり・儀式的行動　孤立・多動　パニック・自傷	感情表現が下手 強迫的行動 孤立・いじめ パニック・自傷 友達と遊べない	寡黙・寡動 自己表現下手 孤立・いじめ ひきこもり・不登校 不安
保護者の困り感	神経質で育てにくい／よく寝て，手がかからない 親への反応が薄い 同じ遊びを繰り返す 夜泣きがひどい	やりとりが難しい 自分の気に入ったものしか食べない・着ない・やらない 激しいかんしゃく	意図が通じにくい 自分のやり方にこだわる 周囲の雰囲気が読めない 学校の情報が子どもから伝わらない	自分の考えややり方に執着する 被害者意識や不安が強い 友人関係のトラブルで家から出たがらない 家庭内暴力・自傷行為が出る場合も
子どもへの対応のポイント	子どもの感覚面に配慮し，安心して家庭生活ができるようにする	感覚面へ配慮し，嫌がることは無理強いしない 視覚情報を示し状況を理解させる	子どもに納得できる伝え方をする 基本的な応答パターンを増やし，成功体験を積ませる	自分勝手に判断せず，周りへの確認を意識させる 〇か×かではなく，確率で物事を考えるようにさせる
保護者への支援のポイント	育てにくさに共感し，保護者を孤立させないようにする	独特の行動やパニックの意味を理解して対応してもらう	友達や学校との連携を密に，遠足の下見など事前の対応をしてもらう	子どもなりの意思を尊重し，選択できるように，事前に情報を収集できるようにする

2 注意欠如／多動症（ADHD）の子ども

　多動の強い子どもの場合は，歩くようになると自分の興味のままに動き回って3歳までに迷子になったというエピソードが聞かれることがありますが，ほとんどは本格的に集団生活の始まる3歳以降に，クラスからの飛び出しや保育者の話が聞けない行動が目立ち，相談機関を紹介される場合が多いと思います。

　学童期以降は，特性からくる問題より2次的な問題の方が大きくなりがちです。特に，幼児期から学童期の低学年の時期に，厳しい叱責を受け続け，自分に対して自信がもてなくなり，「どうせぼくなんか，いくら頑張っても無駄なんだ」と投げやりになったり無気力になったりしてしまうことが1番問題です。一見マイナスに見える「じっとできない。話がどんどん移り変わる」特性を「行動力がある。ひらめきがよい」とポジティブに捉えて，その子どものよさが活きるような周囲の環境調整が大切だといえます。

　ADHDの子どもの乳幼児期，学童期，思春期以降の課題と，保護者の困り感，その対応のポイントを示すと，下表のようになります。

時期	乳児期	幼児期	学童期	思春期以降
子どもの困り感	周生期，低体重・黄疸などがあった	ずっと動いている 遊びが転々とする ことばが遅い 不器用さがある	多動・多弁 人の話を最後まで聞かない はさみや定規，コンパスの扱いが下手	不注意によるミスが多い 学習意欲にムラがある 大人に反抗的
保護者の困り感	過敏さや脆弱さが気がかり	ずっと走り回り，行動が止められない 事故やケガが心配	落ち着きのなさや乱雑な行動を，育て方のせいとして注意される	注意するとキレやすく，家で暴れる 周囲への反抗的な態度の苦情が多い
子どもへの対応のポイント	生活リズムや睡眠のリズムを安定させる 体調管理に注意する	しっかりと身体を動かす遊びを保障する 危険な場所や物をできるだけ避け，注意喚起する よい行動に注目してほめる	動いてもよい時間や場所を設定する 行動する前に，注意喚起する 約束して，できたことを認める	自分のミスしやすさに気づかせる 自分で決めたことを実行させる 自己イメージを向上させる
保護者への支援のポイント	育てにくさへ共感する	子どもの行動や特徴を理解させる 子育ての自信を回復させる	周囲の人へ子どもの特徴や対応の理解を促す 親子で行動修正のプログラムに取り組む	子どものプライドを尊重する 子どもの決めたことが実行できるようにサポートする

ADHDの子どもは年齢が上がると反抗挑戦性障害や行為障害に発展する場合もあるので気をつけないと…。

3 学習障害（LD）の子ども

　日本では，LD（学習障害）は，大きく聞く・話す・読む・書く・計算する・推論するなどの特定の領域で2学年相当の遅れがあるという教育的定義と，医学的な読字障害・書字障害・算数障害のように，厳密な診断基準で診断される場合があります。基本，学習の問題が中心ですので，学童期以降に診断される場合がほとんどです。

　幼児期の保育の中で，本当は困っている子ども達もいますが，なかなか保育者も親もできなさに気づきにくいのが現実です。子ども自身も生まれた時からその状態が続いているので，他の人も同じように見えている，聞こえていると思い込み，勉強ができないのは，自分の頑張りが足りないと思い，密かに努力しているまじめな子どもが多いのです。

　読めない教科書の詩を暗記して，読んだふりをするなど，できないことを，違う方法で独自に補ってしまったり，「今はたまたま間違えたんだ」とごまかすようにしたりして，問題が見えにくくなっている場合も少なくありません。特に，学童期以降は，自分のできなさを隠そうとして，作文の時間になると体調が悪くなる，学校に行き渋るなどと別のサインを出す子ども達も多くなります。LDの子どもの乳幼児期，学童期，思春期以降の課題と，保護者の困り感，その対応のポイントを示すと，下表のようになります。

時期	乳児期	幼児期	学童期	思春期以降
子どもの困り感		ことばが遅い 言い誤りが多い 発音が不明瞭 聞き間違いが多い ぼーっとしている じっとできない 絵本や文字に関心を示さない 左右を間違う	ひらがなやカタカナが覚えられない 漢字の読み間違い・書き間違いが多い 教科書が正しく読めない 国語や算数など，特定の教科が極端にできない アルファベットのbとdが区別できない	漢字の熟語が読めない 読んで理解することと，聞いたり見たりして理解することの差が大きい 漢字を適切に使った文章が書けない 英単語のスペルが覚えられない
保護者の困り感		何度注意しても，言い間違いが直らない 絵をかくのを嫌がる 絵本の読み聞かせを喜ばない	何度読ませても書かせても，文字が覚えられない 宿題に時間がかかる 計算・図形・時計などの分野ででき方にムラがある 教えた時にできても，すぐ忘れ，学習が定着しない	全般的に学力が低下し，希望の進路に進めない 無気力や自暴自棄になる子どもが何に困っているかわからない
子どもへの対応のポイント		子どもの特性に合う教え方を工夫し学び損ねないようにする 子どものやりやすい方法を一緒に探す	得意な認知様式を利用した学習の仕方を身につけさせる 弱い能力を意識し必要な支援を求められるようにする	弱い分野を補強したり迂回する方略を一緒に見つける 同じ悩みをもつ仲間と出会わせ，モデルを示す 自己イメージを回復させる
保護者への支援のポイント		子どもの得意・不得意の要因に気づかせる よい面をほめる	子どもの認知特性について理解し，必要な合理的配慮が受けられることを伝える 学習以外のよさを認める	違いを認め合える生き方のモデルを示す 子どものプライドを大切にさせる

4 ボーダーラインの子ども

　知的な能力が，標準偏差1SDから2SD程度低い子ども達です。以前は，軽度障害，グレイゾーンと呼ばれていることもありました。特別支援学級に入級するかどうかの判断に迷ったり，通常の学級の中で学年相当の学習についていけなかったりすることで，相談機関につながってきます。相談機関では，たいていのところでは，知的能力を判定する検査を実施しますので，その数値によって，中度・軽度という診断がつく子ども達です。全体的に年齢より幼い行動が目立つのですが，自我意識や社会性は年齢相当に発達するため，同学年の友達と自分を比較して，自信をなくしてしまうことも少なくありません。

　基本的に穏やかで他の友達に迷惑をかけることが少ないため，「少し幼い子ども」という捉え方をされがちで見過ごされやすく，学校生活で勉強はできないけれど，特に問題はないとされてしまい，「本人の努力不足」「怠け」と捉えられてしまうことが少なくありません。

　ボーダーラインの子どもの乳幼児期，学童期，思春期以降の課題と，保護者の困り感，その対応のポイントを示すと，下表のようになります。

時期	乳児期	幼児期	学童期	思春期以降
子どもの困り感	全般的な発達がゆっくり	自分なりのペースでやろうとするが，運動面・言語面・生活習慣などで，先生や友達の手助けが必要	友達との活動についていけず遅れがちになり，孤立感を感じる 授業がわからなくて，自信をなくす	学校の中で，充実感や存在感が得にくい 友達の言いなりになったり孤立し，いじめの対象になったりする
保護者の困り感	育児書通りの発達ではないことであせる	集団生活が始まり，同年齢の子どもの遊びについていけない子どもが不安 何度教えてもできない子どもに苛立つ	親がつきっきりで教えてもなかなか学習が定着しない 動作が遅く，身辺処理に時間がかかる 友達ともうまく遊べず，親が介入しなければならない	学力が低下し，進路に迷う 親が手助けしないとできないことが多く，自立できるか心配 善悪の判断ができず，周りに影響されやすい
子どもへの対応のポイント	子どもに合わせた適切な刺激の量を調節する	子どものペースに合わせて，身の回りのことが自分でできるようにする 短くわかりやすい指示を出す	生活年齢の学習内容を精選し，小学校3年生レベルの学習内容が理解できるようにする 生活の中で使える知識や技術を身につける	子どもの興味関心のある内容で学習意欲を高め，わかる体験を増やす 子どもの得意を活かした進路選択を一緒に考える
保護者への支援のポイント	あせらず子どもに合わせた関わりを促す	子どもにわかりやすい指示の出し方，継続させ方を一緒に考え，実践してもらう	子どもの知的能力を理解し，見合った学習環境を保障する 生活面での自立に向けての準備を進める	子どもの自立に向けて，手助けする部分を意識的に減らしていく 親以外の支援者とのつながりを作る

2 子どもの苦手さを読み取るアセスメント

　もともと、「アセスメント」という用語は，「査定」という意味で用いられていました。それが，特別な支援を必要とする子どもの課題を明らかにするために，情報を集めていくこと，またその集めた情報を整理して，問題の要因を明らかにすることを，子どもの「アセスメント」というようになりました。

1 面接時のアセスメント（生活・環境面のアセスメント）

　現在の子どもの様子だけではなく，家族の状況や生まれてから今までのエピソードをまとめた生育歴，保健所や相談機関での相談内容をまとめた相談歴，実施した知能検査の結果などのデータを整理します。初めて保護者の相談を受ける時には，何を聞いたらよいかわからず，今保護者が困っていることを一方的に聞くだけで精一杯だと思います。その困っていることは，誰が問題にして，どのような状況で，どのくらいの頻度で起こるのかと客観的に整理するのが難しい場合もあるでしょう。まして，その要因や，背景を探るとなると，「親の育て方のせい」のように，原因探し，犯人捜しのようになってしまいがちで，本当に意味のあるアセスメントとはなり得ません。そこで，ある程度収集すべき項目の記入されたアセスメント用紙に，聞き取った話を埋めていくと，情報の漏れがなく，保護者相談後に必要な情報が何か見えてくる上手な情報収集（インテーク）ができます。

　アセスメントの情報を集める必要があるからと，「初語はいつでしたか」のように専門用語をそのまま使ったり，「家族の状況について話してください」と尋問するように聞いたりすると，保護者は緊張してしまいます。「人とのやりとりのことを知りたいのでお聞きしますね。絵本の中で知っているものを見つけ，指さしてお母さんに知らせますか」のように，どうしてそのことを聞こうとしているのか理由を説明したり，具体的な状況を示したりすることが大切です。そうすると，保護者も安心して話ができ，具体的なエピソードが思い出しやすくなります。

　慣れてくると，自閉スペクトラム症の疑いがある場合は，発語や指さしが遅れるとか，学習障害の疑いがある場合は，自分で読む時と読んでもらった時で問題の答え方が違うなど，その特性に必要な情報が何であるかが想定できるようになり適切な質問の仕方ができるようになります。

　次に，基本的なアセスメント用紙（あいさん・小4）の記入例と，ポイントを説明します。

面談日　令和2.5.1（金）　記録【高畑】

アセスメント票

名前	神戸 あい（女）	年齢 9歳 8か月 ㋭・R 22年 9月 1日生	
所属	上 保・幼・㋛	4年 1組（担任 丘 菊子）	TEL: 00-0000
相談者名：神戸 景子（母）		住所：	連絡先：

1．主訴・来談動機

一生懸命学習しているのに、漢字が覚えられない
計算はできるが、文章題は苦手
3年の2学期頃から、学校に行くのを嫌がる

家族構成（ジェノグラム）

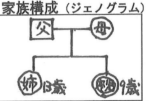

2．生育歴（胎生期～就学前）

胎生期	◎母体 ㊓・有（切迫流産・切迫早産・服薬・その他： ）
	◎胎児 ㊓・有（発育不良・体位異常（逆子など）・その他： ）
	☆特記事項： 特に気になることはない

周生期	□出産（ 36 週）、生下時体重（約 2890g）
	◎母体：異常 ㊓・有（早期破水・早産・帝王切開・吸引分娩）
	◎胎児：異常 ㊓・有（仮死AP・臍帯巻絡・黄だん・光線療法）
	☆特記事項： 特に気になることはない

乳・幼児期前期	□乳児期の運動発達　・定頸（3か月）・寝返り（5か月）・座位（6か月） 　　　　　　　　　　・ハイハイ（10か月）・初歩（1歳1か月）
	□栄養：　　　　（あまりお乳を飲んでくれず、体重が増しにくかった）
	□言語発達：　初語（1歳3か月）…ママ　　2語文（2歳6か月）
	特記事項：保育園に行き始めて急激に語いが増えた 　　　　　　単語は出るが、文の形で話せない
	□用便自立　　（3歳ごろ）…保育園に行ってから、オムツが取れた
	◎睡眠のリズム　覚醒と睡眠時間の区別がはっきりしない ㊓・有
	◎母子愛着関係　人見知り　　　無・㈲…男の人をこわがった
	後追い　　　　無・㈲…姉の後をついていこうとする
	あやすと喜ぶ　無・㈲…姉がイナイイナイバーすると笑う
	指差し　　　　無・㈲…1歳頃、飼っている猫を指さした
	クレーン現象　㊓・有…
	◎育児の印象　　㋐育てやすい・育てにくい
	特記事項：姉がよく遊んでくれた

乳・幼児期前期	□感覚過敏　　①現在も強く残っている、②現在もわずかに残っている。 　　　　　　　③現在はない　④過去から現在に至るまで全くない。 　・聴覚　大きな音（④） 　　　　　小さい音（④）　┌例：掃除機、サイレン、指導をする教員の声など特 　・触覚　　　　　（④）　│　　定のもの 　・味覚　　　　　（④）　│例：エアコンなど 　・痛覚　　　　　（④）　│例：粘土、のりなど特定のものを触るのを嫌がる 　・偏食　　　　　（②）対象：納豆・オクラ（ねばねばした舌触りと匂いを嫌がる）　例：痛みに鈍感 　特記事項：なし □既往　　　　無・有 　・てんかん・熱性痙攣・アトピー性皮膚炎・アレルギー（アレルゲン：　　　　） 　・中耳炎[急性・滲出性]（4歳頃）その他（　　　　　　　　　） 　　　特記事項：チュービングしたため、年中組ではプール遊びができなかった ◎乳幼児健診 ・1歳半児健診：指摘　無・有　… ・3歳児健診　：指摘　無・有　…　ことばが遅い ・専門機関相談歴　　無・有 　　姉とばかり遊んでいると、ことばを使う必要がないので、早く同年齢の集団に入れ なさいと言われた。4月から入園が決まっていたので、「その様子を見」と言われ ことばが増え始めたので、そのままになった。
幼児期後期	◎対人関係　　　ひとりで遊んでいても平気である。　　　　　無・有 　　　　　　　　特定のおとなのそばを離れない、離さない。　無・有 　　　　　　　　ごっこ遊びをした。　　　　　　　　　　　無・有 　　　　　姉とぽぽちゃん人形を使って赤ちゃんの役をしていた ◎言語発達　　　一方的な発話　　　　　　　　　　　　　　無・有 （赤ちゃんことば「おいちいでちゅ」があった。「きゅうり」と「キウイ」がわからない） ◎興味・関心の偏り　　　　　　　　　　　　　　　　　　　無・有 ◎微細運動　　　お箸、ペンなど年齢と比較して不器用である　無・有 （姉に比べると、いつまでも握り箸が直らず、絵もあまり描きたがらない） ◎走る、跳ぶ　　ぎこちなさがある。　　　　　　　　　　　無・有 （外遊びよりも、部屋でちまちまとした遊びをする方が好きだった） ◎パニック　　　　　　　　　　　　　　　　　　　　　　　無・有 ※・絵本はよく見ていたが、お話の内容はよく覚えていない。劇でやった話も忘れたと言う 　・左右が覚えにくかった。「お箸の手」と言うとわかるが、右手あげてと聞くとどっちと混乱 　・「1、2、3」の「1」と「ひとつ」は、同じこと、と不思議そうに聞いてきた

3．現状歴（小学校入学後）

運動発達	◎微細運動　箸・鉛筆の用い方が不器用あるいは独特である	無・**有**
	ピアニカ・リコーダーの演奏時の指使いがぎこちない	無・**有**
	◎粗大運動　走り方がぎこちない	無・**有**
	◎協調運動　なわとびが上手に跳べない	無・**有**
	スキップが上手にできない	無・**有**
	特記事項：練習は嫌がらないので、時間はかかるができるようになっている	

【対人相互交流、社会性】

◎ひとりで遊んでいても平気である　　　　　　　　　　　　　**無**・有

◎特定のおとなのそばを離れない、離さない　　　　　　　　　**無**・有

◎同年齢の友達をつくりにくい　　　　　　　　　　　　　　　**無**・有

　　特記事項：いつも面倒見のよい姉御肌の友達にくっついて遊ぶ

【言語コミュニケーション】

◎一方的な発話　　　　　　　　　　　　　　　　　　　　　　無・有

◎言葉を字義通りに受け取り、冗談が分かりにくい　　　　　　無・有

◎抑揚の無い話しかたをする　　　　　　　　　　　　　　　　無・有

◎構音の未熟さ　ラ行とダ行が分かりにくい。「ランドセル」を「ダンドセル」と書いていた　　**無**・有

◎主客の転換がある　例：「行く」と「来る」、「あげる」「もらう」が逆転　　無・**有**

◎年齢相応にまとまりのある話し方ができにくい　　　　　　　無・**有**

　　　　例：単語の羅列、出来事だけを詳細に話す

　　特記事項：「おじいさんがかぶを引っ張った」の主語を変えても「かぶは、おじいさんに引っ張った」と書いてしまう

　　　　　　　時系列がバラバラな文を書いたり、接続詞がうまく使えない

【同一性保持行動、興味の偏り】

◎繰り返し同じ動作を行う　　　　　　　　　　　　　　　　　**無**・有

◎場面が変わるとパニックを起こす　　　　　　　　　　　　　**無**・有

◎特定の物を好む、あるいは嫌がる　　　　　　　　　　　　　**無**・有

　　特記事項：

【注意集中】

◎課題や作業に継続して注意を向けることができない　　　　　**無**・有

◎周囲からの刺激によって容易に注意がそれる　　　　　　　　**無**・有

◎忘れ物や失くし物が多い　　　　　　　　　　　　　　　　　**無**・有

特記事項：几帳面なタイプで気になることはない

行動特性	【多動性】 ◎じっとしておくべき場面で動いてしまう ◎座っているときも手足をそわそわ動かし落ち着かない ◎しゃべりすぎる ◎姿勢の保持が難しい 　特記事項：気になることはない。反対にもう少しさっとして欲しい	㊅・有 ㊅・有 ㊅・有 ㊅・有
	【衝動性】 ◎順番を待つことが苦手である ◎人の話を最後まで聞かずに話し始める ◎他の子ども達の活動を邪魔する ◎すぐに周囲のものや人に対して手足が出る ◎きれやすい、すぐかっとなる ◎突然走り出す 特記事項：気になることはない	㊅・有 ㊅・有 ㊅・有 ㊅・有 ㊅・有 ㊅・有
	【自己管理能力　計画性】 ◎約束を忘れて守れない ◎見通しや計画性をもって行動しにくい ◎片づけが年齢相応のレベルよりはるかにできない ◎その他の行動特性 　　爪噛み　　チック症状が出ている 　　園や学校では，話さない 　特記事項： ※3年生の音楽会での役のセリフが覚えられず、行き渋るようになった。	㊅・有 ㊅・有 ㊅・有 ㊅・有 ㊅・有
認知特性	○検査の結果（受けたことがあれば） 　・検査名（WISC-Ⅳ　）（受けた時期：3 年 12月　　9 歳時）FSIQ:96 　　「言語理解」と「ワーキングメモリ」が、「平均の下」と言われた ○読字書字の状態　熟語が読めない　「屋上」を「やうえ」と読む ○計算・算数の状態　計算は時間がかかるができる。文章題の読み取りが難しい ○学力検査の結果　平均より下	

　面接時の聞き取りで、「有」が多い場合は、さらに細かく聞き取ったり、実際の子どもの活動の様子を観察したりして、その子どもの苦手さを把握しておきましょう。指導上は、それを克服させるというよりも、配慮事項として、子どもの学びやすい環境を考えます。

感覚・運動面チェックシート

令 2 年 7 月 10 日記入（高畑）

名前	かんちゃん（男・女）	生年月日 平25.9.1（6歳10月）	1年2組（担任：角）		
主訴（保護者・担任の願い）		椅子にじっと座っていられず、姿勢が崩れやすい　すぐ「疲れた」と言う		利き手　右・左	

	項目	有	無	備考
感覚	○触れられることに過敏	有	**無**	・特に感覚の過敏さはない
	○痛みに過敏・または鈍感	有	**無**	
	○揺れるものが苦手	有	**無**	
	○目が回らない	有	**無**	
	○砂・粘土・糊などを嫌がる	有	**無**	
	○温度に関係なく薄着・厚着	有	**無**	
	○音に過敏・鈍感	有	**無**	
	○水を怖がる・洗髪を嫌がる	有	**無**	
運動	○姿勢の保持が悪い	**有**	無	・腰がまっすぐのびていない
	○不必要な動きが多く、静止しにくい	**有**	無	・左へ体重かかる（左足に体重がのりすぎになる）
	○歩行がへた・ぎこちない	**有**	無	
	○片足立ちが苦手　（特に右・左）	**有**	無	
	○スキップが下手	有	**無**	
	○なわとびが下手	有	**無**	
	○正中線交差ができない（ラジオ体操が苦手）	有	**無**	
	○片手ヒラヒラで反対の手が動く	**有**	無	・グーパーで反対側の手動く
	○指でキツネができない	有	**無**	
	○ピアニカ・リコーダーが苦手	有	**無**	
	○鉛筆の持ち方がおかしい	**有**	無	・左肩に体重をのせるような姿勢で、親指が使えていない
	○眼球運動（追視・注視）ができない	有	**無**	
その他	○踏ん張り感がない	**有**	無	・低緊張（口が開いている）
	○よく怪我をする	**有**	無	
	○体力がない	**有**	無	
	○力を入れたり抜いたりコントロールがむずかしい	**有**	無	
	○左と右の区別がつきにくい	有	**無**	
	○表情が変わらない	有	**無**	

　このアセスメントを通して、かんちゃんは、「重力に対して体の軸を維持・調整することが苦手である。左右のバランスが悪い」ということがわかります。

3 読み書きのアセスメント

　学習面の中で，特に「読み・書き」に関する検査は，市販されたものがあります。客観的に弱さを把握するためには，そうした標準化された検査を使うことをお勧めします。しかし，普段の学校生活のノートや宿題の様子から，間違い方をピックアップして整理してみると，案外その子どもの苦手さが見えてきます。ここでは，そのためのアセスメントを紹介します。

項目		誤りの有無	誤り方の例
ひらがな	清音 読み	有・⦿無	
	清音 書き	⦿有・無	あさがお→あさがを
	濁音 読み	有・無	
	濁音 書き	⦿有・無	「べんきょう」と書くつもりが「ぺんきょう」　べ→ぺ（自分で修正）
	促音 読み	有・⦿無	
	促音 書き	⦿有・無	いっしょ→いしょ
	長音 読み	有・無	
	長音 書き	有・無	
	拗音 読み	有・無	
	拗音 書き	⦿有・無	おもちゃ→おもちょ（自分で修正）　しゃしん→ちゃしん
	拗長音 読み	有・無	
	拗長音 書き	⦿有・無	せんしゅう→せんしゅ　にんぎょう→にんじょう　きゃあきゃあ→ちゃちゃ
	拗促音 読み	有・無	
	拗促音 書き	⦿有・無	ちょっぴり→ちょぴり
	助詞 読み	有・無	
	助詞 書き	⦿有・無	デパートへ→でぱーとで　水やりを→水やりお　べんとうを→べんとうお
カタカナ	読み	有・無	
	書き	⦿有・無	デパート→でぱーと　ジェットコースター→ゼートコースター
単語	読み	⦿有・無	かもとりごんべえ→かもとりんご？
	意味	有・無	
漢字	形（付加・不足を含む）	⦿有・無	学校→学枚（自分で修正）　毎日→ま曜
	同音への置換	有・無	
	送り仮名	⦿有・無	先生→先生い
文章	聞いて理解	⦿有・無	コーヒーカップ→ふれあいかっぷ
	読んで理解	⦿有・無	「家のベランダで野菜を育てる」→家のベ「乱打をする？」「野菜？」
総合的判断（本児の読み書きの特徴）			知らない言葉が多い。体験したことは、よく覚えていて話すが、〈読みとり〉の「家のベランダ」を「家のベ・ランダ」と読み「なんのことかわからん」と言う。拗音の誤りは少なくなったが、拗長音では間違いが多い。

*全ての誤りの有無が，ノート等の記入した様子から確認することはできません。未確認のところは，経過の中で注意して見ていきます。

18

4 認知面のアセスメント

① 心理検査の必要性

心理検査は子どもの心理や認知能力を正しく理解し，診断して，適切な支援を考える場合にも，また学習場面だけでは見えない能力を見つけ，その能力を十分発揮するよう生活・学習・リハビリテーションの指導をするためにも，欠かせないものです。そのため，乳幼児健診や教育相談，病院などで諸検査が広く利用されるようになってきました。このような現状を踏まえ，心理検査に対する正しい認識をもつことと，心理検査の正しい利用の仕方を学ぶことが大切です。

② 心理検査には有用性と限界がある

心理検査で，その子どもの特性のすべてがわかるわけではありません。検査は，あくまでも子ども理解の補助的な役割にすぎません。検査は人を客観的に理解するための道具です。心理検査の限界を正しく認識した上で，有効に活用しましょう。

③ 心理検査の種類

心理検査には，精神発達・知能検査・学力，性格・人格テスト，学習法，行動・社会性，運動能力テストなど多くの種類があり，幼児や児童に直接行うものもあれば，保護者や先生を対象に行うものもあります。できるだけ，最新の標準化されたものを選びましょう。

子どものつまずきに応じたテストバッテリーを組むための心理検査を次頁の表に示しています。これらの検査を全て行う必要はありません。支援者は，関係機関や病院で実施された検査が子どもの認知面のどのような特性を見るものなのかを知っておくことが大切です。

④ 自身が心理検査を行う時の心得

・被験者に安心感を与える（検査者自身が，検査を熟知し余裕をもって臨む）

・標準化した正しい検査方法によること（慣れで，違う教示をしないように）

・長時間かかる時には休憩を入れる（1時間以内に終える努力を）

・体調の悪い時には実施しない（小さい子どもは，午前中にする）

・援助を与えすぎない（検査者の表情で答えを変える子どももいるので注意）

⑤ 報告書（データの分析）をまとめる

検査が終わったら，できるだけ早めにデータを整理し，報告書をまとめる習慣をつけましょう。記憶の新しいうちに早めに書くことが大切です。ただ，採点し，解釈するだけでなく，何のためにその検査をしたのか，その結果で指導に活かせることは何なのかを知るためにも，検査時の子どもの様子を記録しておくことは重要です。慣れないうちは，検査者自身の癖の見直しのため，客観的に検査場面の音声・映像記録を撮っておくことをお勧めします。

これまでのアセスメントを整理して初めて，具体的に子どもの指導計画を立てることができるのです。

＜子どものつまずきに応じた心理検査など＞

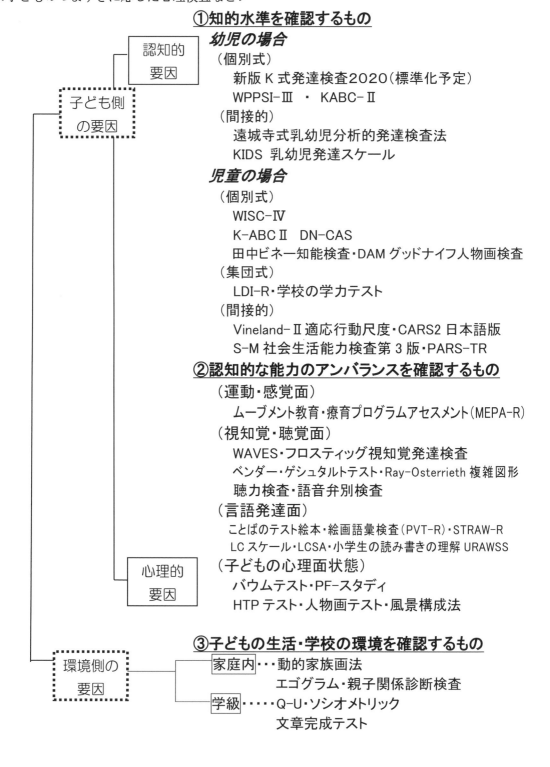

①知的水準を確認するもの

幼児の場合

（個別式）
　　新版 K 式発達検査2020（標準化予定）
　　WPPSI-Ⅲ　・　KABC-Ⅱ
（間接的）
　　遠城寺式乳幼児分析的発達検査法
　　KIDS 乳幼児発達スケール

児童の場合

（個別式）
　　WISC-Ⅳ
　　K-ABCⅡ　DN-CAS
　　田中ビネー知能検査・DAM グッドナイフ人物画検査
（集団式）
　　LDI-R・学校の学力テスト
（間接的）
　　Vineland-Ⅱ適応行動尺度・CARS2 日本語版
　　S-M 社会生活能力検査第 3 版・PARS-TR

②認知的な能力のアンバランスを確認するもの

（運動・感覚面）
　　ムーブメント教育・療育プログラムアセスメント（MEPA-R）
（視知覚・聴覚面）
　　WAVES・フロスティッグ視知覚発達検査
　　ベンダー・ゲシュタルトテスト・Ray-Osterrieth 複雑図形
　　聴力検査・語音弁別検査
（言語発達面）
　　ことばのテスト絵本・絵画語彙検査（PVT-R）・STRAW-R
　　LC スケール・LCSA・小学生の読み書きの理解 URAWSS
（子どもの心理面状態）
　　バウムテスト・PF-スタディ
　　HTP テスト・人物画テスト・風景構成法

③子どもの生活・学校の環境を確認するもの

家庭内・・・動的家族画法
　　　　　　エゴグラム・親子関係診断検査
学級・・・・・Q-U・ソシオメトリック
　　　　　　文章完成テスト

認知的要因

心理的要因

子ども側の要因

環境側の要因

第2章

幼児の指導
ステップアッププログラム

幼児期に見られるつまずきと つまずき気づきチャート

1 指導のポイント

　幼児期は，年齢的に保護者の養育が中心の時期であるため，子どもの指導・支援よりも保護者への支援が重要になってきます。そこで，指導の形式についても，母子を同室で一緒に指導する形が基本になります。幼児期後半の子ども同士の集団での動きを指導する場合も，その指導を見てもらったり，後で指導内容を解説したりすることで，保護者の子ども理解を促すようにする必要があります。

　近年，早期療育がどの地域でも保健・福祉の領域で進められるようになりましたが，子どもが何を指導してもらって，何がどう変わったのか，指導のどの部分が自分の子どもに合っているのかなど，よくわからないまま，「特別な支援は専門家にお任せ」として，保護者が蚊帳の外になっている場合もよく見かけます。

　指導計画などは，作成され，そこに子どもの遊びの様子が具体的に詳しく述べられている場合もありますが，そのねらいが到達されたかどうかという評価があいまいで，「予定の1クールが終わったので，おしまいと言われました」と途中で放り出されたような感覚をもっておられる保護者も少なくありません。

　子どもの困り感，保護者の困り感，また所属する保育機関の困り感と，子どもの発達の状況を照らし合わせて，必要な指導プログラムを計画し，実施，指導の評価（指導目標の到達点）を明らかにすることが大切なのです。

　ここでは，次のような「つまずき気づきチャート」に沿って，必要な指導プログラムを決定していきます。これらは発達のプロセスを考えた指導内容になっています。「言葉が出ないから」と，いきなり文字カードで，「『りんご』って言ってごらん」のように要求しても，子どもは戸惑うだけで，その後は文字カードを見せられただけで，嫌がるようになってしまうかもしれません。幼児の指導は，基本的に遊びです。それもやらされるのではなく，子どもが自ら繰り返しやりたくなるような遊びを用意し，子どもが能動的に遊び始められるような環境の構成が重要になってきます。

　そして，先述したように，その指導内容を保護者も理解し，「子どものどの面を育てようとしているのか，そのための指導のポイントがどこにあるのか」を具体的に見てもらい聞いてもらい，納得してもらうことが大切なのです。そして，保護者が子どもの1番の理解者としての自信をもってもらえるようにすることを目指します。

2 つまずき気づきチャート

　子どものできる部分から始めて，「はい」は実線，「いいえ」は点線に進んでください。始めるプログラムを見つけることができましたか。

▭：聞く、▭：話す、◯：コミュニケーション、⬭：感覚・運動・社会性の項目です。
「はい」「いいえ」で2パターンあるところは、その先の項目を見て合う方に進んでください。

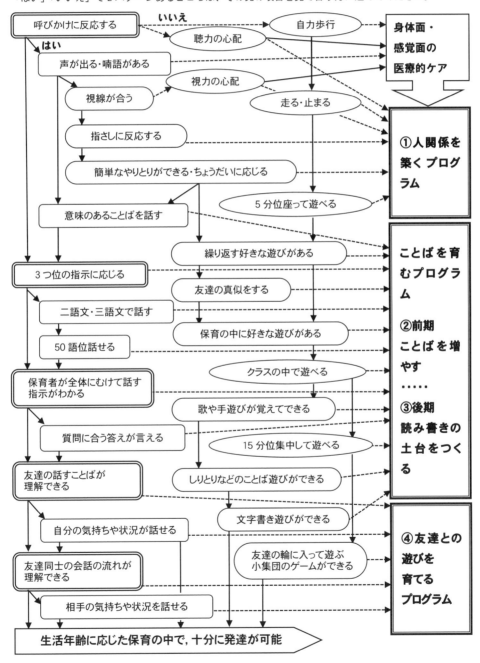

3 支援を必要とする子どものタイプ

① 身体面・感覚面の医療的ケアを必要とする子ども

「呼びかけに反応しない」場合は，聴覚障害の可能性があります。また，「視線が合わない」も，目の前の物を追視できない場合など，視覚障害や運動障害の可能性がないかを確認する必要があります。同様に，ハイハイが片側だけだったり，歩く時O脚になり歩行が不安定だったりした場合は，整形の医師の診察を受ける方がよいでしょう。

② 人関係を築くプログラムを必要とする子ども

大人とのしっかりとした愛着関係がまだ十分とはいえない子ども達です。人よりもものに興味を示し，保護者の呼びかけよりも，お気に入りの車の音に反応して，外に飛び出そうとすることもあります。手に持っているものを「ちょうだい」と言われても渡すことはできません。「あーあー」というような声や，泣き声は出しますが，意味のあることばは，あまり話すことができません。おおむね，発達が1歳から2歳位の子どもです。

③ ことばをはぐくむプログラムを必要とする子ども

前期：ことばを増やす

意味のあることばが数語の段階から，2語文程度理解し話せる段階の子ども達です。まだ，発語が不明瞭で，「たまご」と言われて，「・・ご」とことばの語尾だけ真似して言ったり，はっきりしないけれども歌に合わせて声を出したり身体を動かしたりが楽しめます。おおむね，発達が2歳から3歳位の子どもです。

後期：読み書きの土台をつくる

所属するクラスで過ごすことができます。好きな歌や手遊びを楽しめ，お店屋さんごっこなどでは，「いらっしゃいませ，何にしましょう」の決まったやりとりは覚えて言うことができます。しかし，時間の経過に沿って話したり，理由を説明したりできません。おおむね，発達が3歳から4歳位の子どもです。

④ 友達との遊びを育てるプログラムを必要とする子ども

友達と一緒に遊ぶことが好きですが，ルールを守れなかったり，自分勝手な理屈を言ったりして友達とうまく遊びを続けることができません。感情が高ぶると，自分の気持ちをうまくことばで説明できず，つい手が出てしまうこともあります。おおむね，発達が4歳から5歳位の子どもです。

コラム

もうひとつの「りんご」はどーこだ？

ー幼児の指導は，子どもの遊びたい気持ちにのってみよう

　幼児のことばの指導では，絵カードを使った遊びをよくします。絵を手掛かりに，そのものの名前を覚えさせるためです。例えば，果物カードを使った場合，すいかの絵が半分ずつになっています。子どもは，指導者に「すいか」と言われ，果物カードの中から，２枚のスイカの絵カードを探し，１つの「すいか」が完成できたらOKというようにして遊びます。担当者も一緒に「どっちが早く見つけるか」と競争にすると，遊びは盛り上がります。

　いつものように，絵カードを使った遊びをしている時のことです。子どもが片方のカードを部屋の端の物陰に隠し，探してきた方が勝ちという遊びを考えつきました。

　最初に，「『みかん』はどーこだ？」と床に広げたカードの中から『みかん』を探します。次に，「もうひとつの『みかん』はどーこだ？」と言うと，自分が隠した場所を思い出し探してくるのです。２枚とも見つけた人が「勝ち」で，片方ずつ見つけたら「２人とも勝ち」というルールも考えました。１回ごとに部屋中を走り回って探さないといけないので，大人にとっては運動量の多い大変な遊びです。しかし，子どもは，自分で考えついた遊びなので，生き生きと，飽きることなく，息を弾ませながら何回もチャレンジします。

　最初の頃は，隠した場所を忘れてしまい，バナナを１枚だけ隠して，「『バナナはどーこだ？』って言って」と要求していました。それでも，どこに隠したか忘れ，「はーい，見つけた」と指導者のほうが先に見つけることもありました。すると，悔しそうに，何回も場所を確かめたり，指導者が動き出すと，ささっと先回りしたり，知恵を絞ります。覚えられるようになると，隠す枚数を増やしていくなど，自分からハードルを高くしていきました。

　「『くだものどーこだ？』しよう」と自分からカードを出してきます。プログラムの中にその遊びがあるだけで，その他の課題はあっという間に済ませてしまいます。

　また，遊びの前に，「これはなんて言う果物？」とまだ覚えていない果物を確認してきます。「『マンゴー』だよ」と教えると，「ふーん，『マンゴー』ね，ぼく食べたことない」と言いながら，覚えようとしています。無理やり教えようとしなくても，子どもにやりたい気持ちがあると，自分から積極的に学ぼうとするのだということを改めて教えてもらった事例です。

1 人関係を築くプログラム

1 指導の目標と基本の枠組み

① 指導目標

「人を意識し，身近な大人と一緒に遊ぶことが楽しめるようになる」

　自分に注目し，自分の遊びに寄り添ってくれる穏やかな大人との遊びを通し，遊びの対象として，人を意識させ，スキンシップの心地よさを味わわせることで，安定した愛着の形成を目指します。

② 指導計画

　1回の指導は，60分（事前準備と受け入れ：5分，指導：45分，片づけと記録：10分）。基本は，8回（週1回・約3か月）を目安にし，8回のプログラム展開は，次の通りです。

ステップ1	1～3回（3回）	ステップ2	4～6回（3回）	ステップ3	7・8回（2回）

ルーチン：流れを理解し，見通しをもつ → バリエーション：変化を受け入れる → チャレンジ：自発的に活動できる

③ 指導の形態

　大人と子どもの1対1が基本です。（できるだけ親子ペアで参加してもらう）

　1対1のペアが，3組から5組，同じ指導室（プレイルーム）で遊びや活動をします。

④ 使用する教材

　感覚運動遊具を中心に，参加する子どもの年齢，好みに合わせて，ぬいぐるみやプラカー，ロディ（乗り物），自由にかける「お絵かきシート」か，ホワイトボードなどを用意します。

　後半の設定に切り替えるための音楽をかけるポータブルデッキ，なければCDラジカセでもOKです。そして，手遊びの時に使用する「パネルシアター」を作っておきましょう。歌に合わせて，パネルボードに貼っていくPペーパーに絵をかいて切り抜いておきます。

　パネルシアターがない場合は，ホワイトボードに，絵を描いたマグネットシートを貼っていくのでもかまいません。1人1冊の出席ノート，出席シールも用意します。

⑤ 場の設定

　指導する部屋は，指導する人数にもよりますが，普通教室（約60㎡）位の広さがあるプレイルームを用い，そこに，先述した遊具，トランポリンやボールプール，室内用滑り台，トンネルなどを置き，ソフト積木や段ボール箱で作った乗り物，セラピィボールなどを設置します。後半，全員でする感覚運動遊びの場所が確保できるように，遊具の配置を工夫します。

　入口付近には，最初に来室した親子が荷物や上着をまとめておける棚，なければ1組に1個かごを用意します。参加した親子が見えやすいような位置に，活動の時間や活動内容を図示したものを貼っておきます。

　後半の活動に移る際，片づけられる遊具は見えないように，ボードやカーテンで仕切った裏側に隠せるようにしておきましょう。後半の活動の時は，床に自由に座るのではなく，椅子か，マットなど自分の居場所が確認できるような座席を，用意しておきます。

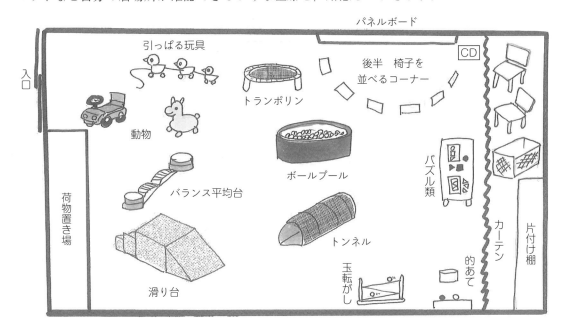

⑥ プログラム終了時に期待される子どもの姿

　毎回参加することを楽しみにして，参加できるようになること，自分から大人の姿を目で追ったり，声をかけたりするようになることができれば，このプログラムは成功です。

　最初は，泣いて保護者から離れられなかったり，自分の持ってきた玩具を手放せなかったりする子どもが，プレイルームにある遊具に自分から挑戦したり，大人の手を引っ張って繰り返しを要求したりする姿に変わった時，一緒に参加されている保護者もほっとされると思います。また，家でも同じ手遊びをしてほしいと，保護者にせがんだり，抱っこやくすぐり，真似っこ遊びを嫌がらなくなったりするなどの変化が見られることでしょう。

① 今回の目標

・遊びの流れや，一緒に遊ぶ仲間の存在を感じ取る。

② 展開

Ｔ１：主導する指導者　Ｔ２：子どもにつく支援者　Ｃ：対象児　Ｍ：保護者

分	ねらい	方　　法	留意点
20	1．遊び場所に慣れる	・親子で，棚（かご）に荷物を入れた後，置いてある遊具で，思い思いに遊ぶ。 ・自分の好きな遊具を大人（Ｔ２，もしくはＭ）と一緒にする。 ・Ｔ１が，片づけの合図を出す。皆で遊具を片づける。	・Ｍと分離するか，同室かによりＴ２の配置や役割は変化する。 ・荷物を置く場所・遊びの遊具を，親子の目線でわかりやすい位置に配置する。 ・遊び始めるタイミングは子どものペースに委ねる。（★1） ・親子の緊張がほぐれるようにＴ２はさりげなく関わる。（★2） ・5分前には予告し，音楽をかけて片づける。（★3）
15	2．参加者全員で感覚遊びをする	・親子で座る。 ・Ｔ１が，名前を呼ぶ。 ・Ｔ１が，親子でふれ合える手遊びをする。 ・Ｔ１が，曲をかけ，曲に合わせて歩く，止まるなどのリズム遊びをする。	・子どもが自分の場所を意識しやすいよう椅子を用意し，高さは子どもが足をつけて安定する高さにする。 ・Ｔ２は，親子につき，Ｍの不安を和らげる声掛けをする。 ・活動を嫌がる子どもには無理強いせず，見るだけでＯＫとする。 ・短く単純な同じ動きや遊びを2〜3回繰り返す。 ・パネルシアターを使用する。（★4） ・開始のタイミングは，子どもの注視した時に合わせる。（★5）
10	3．おわりの儀式を知る	・Ｔ１がさよならのあいさつをする。 ・次回の予告を伝える。 ・Ｔ２と一緒に，1人ずつ出席シールを貼る。 ・身支度をして帰る。	・子どもの出席ノートは持ち帰らせＭのコメントを書いてもらう。 ・ホワイトボードに注目させるように，「バイバイ」の絵を貼る。 ・シールは，1回1ページして，どこに貼ってもＯＫとする。（★6）

③　プログラムのポイント（ここでは，子どもに関わる支援者を総称して大人とします）

★1：遊びを強要しない

　せっかく参加したのだからと，保護者は無理やり遊ばせようとしますが，保護者にしがみついて顔をうずめて固まっていたり，泣いてその場から出ようとしたりする姿は，当たり前と捉えましょう。入口付近に座って，落ち着くまで待ちます。20分くらいは，声をかけるのではなく，しっかり保護者に抱きしめておいてもらいましょう。保護者と離れて，1対1で支援者がつく場合も同じです。指導室から出てしまうこと，自分や大人を噛んだりたたいたりする行為だけは静かに手を握って止める以外は，緊張や混乱の嵐が過ぎ去るのを待ってあげましょう。

★2：さりげない関わり

　基本，遊びのイニシアティブは子どもがもっています。大人を意識せず，プラカーで走り回ったり，滑り台を繰り返し滑ったり，ボールを投げたりしている時に，「ここが終点だよ」とか「こっちに投げて」のような指示は禁句です。子どもの走るスピードに合わせて，「ブブー，キュッ」とか，「シュー，ストン」，「あーポイ」などのように子どもの動きをリズミカルな擬態語の「声かけ」をしながらさりげなく見ていましょう。そのうち，子どもは，自分の動きに合わせた「声かけ」を期待するようになり，「声かけ」してくれる大人を意識して見るようになります。

★3：片付けの予告

　いつも同じ時間に同じ曲をかけ，動きを止めている子どもの遊具から片づけます。

★4：耳と目で注目，ふれ合い遊び

　「たまご」「パン屋さん」「バスに乗って」「ミックスジュース」「パンダウサギコアラ」などは，繰り返しがありスキンシップが楽しめる手遊びです。触られるのが苦手な子どもの場合でも，「卵が割れて，ひよこが出てくる」などのパネルシアターには注目してくれることがあります。

★5：リズム遊びは雰囲気にのせる

　音楽に合わせて，全員が手をつないでぐるぐる走る。曲が止まったら，止まる。ハグする。しゃがむ。子どもの状態を見ながら，5～6回繰り返します。子どもと子どもの間に大人が入るので，嫌がっている間もなく動いてしまったというような感じで進め，意外なところで曲を止め，つんのめるように止まる楽しさを大人も味わいましょう。

★6：シール帳は手作りで

　日付だけ書いたB6の色画用紙（1枚ずつ色が違う）を，半分に切った大きさで，8枚綴りにします。子どもはどこに貼ってもOKです。2回目以降，左頁には，T1から保護者向け，T2から子どもの遊びのコメントを書き貼ります。

親子の写真
を貼る

中は日付だけ

3 ステップ２の指導の流れ（第４回）

① 今回の目標

・遊びの内容や流れの変化に気づき，変化を楽しませる。

② 展開

T１:主導する指導者　T２:子どもにつく支援者　C:対象児　M:保護者

分	ねらい	方　法	留意点
20	1．遊んでくれる大人を意識して，遊ぶ	・親子で，棚（かご）に荷物を入れた後，置いてある遊具で，思い思いに遊ぶ。 ・T１が，片づけの合図を出す。皆で遊具を片づける。	・子どもが自分で荷物を置きに行くように促す。 ・子どもが自分のルーチンで遊ぶのに付き合う。^(★1) ・子どもとT２の間で，楽しめる遊びができていることが，前提。 ・Mと離れられる子どもは，T２と遊び，Mは見守る。（この間，T１が，Mのコメントにこたえる） ・大人だけでなく，子ども自身も１つは片づける。^(★2)
15	2．指示を聞いて答える，動くという応答関係に慣れる	・子どもだけで座る。（Mは，指導室の壁側に座る） ・T１が，名前を呼び，呼ばれた子どもは，T１とハイタッチする。 ・T１がするふれ合い手遊びを，T２とする。 ・T１が，曲をかけ，曲に合わせて歩く，止まるなどのリズム遊びをする。 ・止まるポーズを真似させる。 ・曲の速さを変えて，走る―止まるにも慣れさせる。	・Mと離れられない子どもには無理強いせず，傍についてもらう。 ・子どもの横には，T２がつく。 ・T２は，子どもの分身の役割，モデルの役割をする。 ・T２と一緒に返事をする。 ・T２とのスキンシップが楽しめているか，確認する。 ・T２は，曲の切れ目で，子どもが自発的に止まれているか確認する。 ・おしりをつく，両手を伸ばす，片足立ちなどポーズを変化させる。 ・T２は，動きのモデルも示し，真似しようとするか確認する。^(★3)
10	3．おわりの一連の流れが，促されてできる	・T１が，さよならのあいさつをする。 ・次回の予告を伝える。 ・T２と一緒に，１人ずつ出席シールを貼る。 ・身支度をして帰る。	・さよならのあいさつの後，T１に名前を呼ばれ，ハイタッチした子どもから，シールを貼って，荷物を持って帰る。^(★4) 出席ノートにはT１，T２のコメントも貼る。

③ プログラムのポイント

★1：子どものルーチンに付き合う

　「ここでは，○○しよう」と，同じ場所，同じ遊具があることに安心した子どもは，自分なりの「つもり」をもって来室してくるようになっています。そこで，子どもがどのルートから遊び始めるのか，その子どもに合わせて動きます。「セラピィボールに乗せて」とＴ２の手をひっぱって要求するなど，子どもからの要求のサインには必ず応じるようにします。そして，何回も繰り返しを求めてくるようになったら，「もっかい」とか，指を１本立てるとか，手を引く動きではない要求の伝え方を教えてあげましょう。ここでも，「『もっかい』って言わないとしてやらない」のような意地悪な対応はしないように気をつけましょう。

★2：片づけた満足感を

　片づける時間も意識し始める頃です。ただ，楽しい遊びからすぐ切り替えられるわけではありません。一緒についているＴ２が，遊びの切れ目をうまく捉えて「そろそろお片づけね」と気持ちのクールダウンを図りましょう。そして，気持ちが切り替えられたら，さっと遊具を片づけ，最後の１つだけ，「バイバイね」と子ども自身に箱に入れさせるようにし，行動の区切りとします。

★3：子どもの行動の確認

　「指示を聞いて，答える・動く」といっても，無理やりやらせるわけではありません。子ども自身が，どこまで理解して，自分から応じようとしているかということを注意深く見ることが大切です。「指示通りにできたかどうか」という結果より，子どもがどのように反応しているかが大切で，「○ちゃん，Ｔ１の方見てるね」と即座に認め，できない時は「ハイタッチ，わたしがしてくるから見てて」とモデルを示し，Ｔ２のすることを見ていたら，「やった，見ててくれてありがとう」と応じます。

★4：Ｔ１との関係を築く

　これまで全体的な流れを指示していたＴ１の指導者とも個別に関わるチャンスが，「名前を呼んでハイタッチすること」です。活動中と活動の最後の２回，チャンスがあります。どの場面でも応じられるか，注目を浴びると難しいのか，子どもによって反応は違うと思います。また，Ｔ２を心の杖にして，他の人に向かおうとすることで，よりＴ２との関係も深くなることでしょう。

※保護者への支援

　ステップ２の段階になると，活動に参加するだけで精いっぱいの保護者も，子どもと離れ，話をする余裕が出てきます。自由な活動の間に，質問に答えたり，悩みを聞き出したり，Ｔ１が保護者に対応しましょう。

4　ステップ3の指導の流れ（第7回）

①　今回の目標

・一緒に遊ぶ大人との関わりを楽しみ，自分から遊びや活動に参加できる。

②　展開

T1：主導する指導者　T2：子どもにつく支援者　C：対象児　M：保護者

分	ねらい	方　法	留意点
20	1．自分から進んで，活動への準備をする	・自分で，棚（かご）に荷物を入れた後，置いてある遊具で，思い思いに遊ぶ。 ・T1が，片づけの合図を出す。皆で遊具を片づける。	・自分の棚がわかるように，名前と顔写真を貼っておく。(★1) ・子どもの行動を待って，確認の声かけを心がける。 ・遊びの中でT2は，子どもの要求を言語化し，真似させる。(★2) ・5分前には予告し，音楽をかけて片づける。
15	2．指示に応じた応答や動きが，自分でできる	・子どもだけで座る。 ・T1が，名前を呼び，呼ばれた子どもは，T1の示す手人形のどちらかを選んで握手する。 ・手遊びは，今までした中から，子どもが選んだ手遊びをする。 ・T1が，曲をかけ，今までの，歩く，止まるなどのリズム遊びをする。 ・止まるポーズを子どもに考えさせ，皆でその止まり方を真似る。	・T2は子どもの斜め後ろに，座る。 ・「選ぶ」ことが理解できない子どものために，まずT2の1人がやって見せる。(★3) ・他児にも目が向くように，他児が呼ばれた時，名前を復唱し印象づける。 ・参加者全員の子どものしたい手遊びを繰り返す。(★4) ・選択は，指さしでもできるよう手遊び一覧ボードを用意する。 ・止まるポーズは，モデルの子どもの真似を1度してから，音楽をかけてそのポーズをする。(★5)
10	3．おわりの一連の流れが，自分でできる	・T1が，さよならのあいさつをする。 ・次回の予告をする。（第8回目は，『頑張った賞』を渡す） ・自分で決まったページに出席シールを貼る。 ・さよならのあいさつをする。 ・身支度をして帰る。	・子どもの出席ノートと記録，賞状は持ち帰る。 ・T1のさよならのあいさつも，手人形との握手にする。 ・第8回目の「頑張った賞」は，賞を保護者に渡し，保護者からご褒美の抱っこをしてもらう。

③ プログラムのポイント

★1：自分の名前や顔写真に興味がもてる

今までは，何気なく荷物を入れていた棚（かご）に名前と写真をつけてみます。そのことに気づいて自分の場所が見つけられる子どもは，次のステップで，自分の場所・持ち物マークへと移行できます。気づかない子どもの場合は，一緒に探しましょう。

★2：要求のバリエーションを豊かに

遊びの要求として，「もっかい」と言えるようになったら，次のステップに進みます。今度は，「もっと早く」とか「10までする」，「ここから（あっちから）する」，「だれと一緒」など，遊びの緩急をつけたり，他の子どもを巻き込んだりして，遊びの変化が楽しめるようにしましょう。といっても，1回やって次と変えるのではなく，ある程度の繰り返しを楽しませてあげましょう。

★3：支援者に注目

モデルとなるT2は，子どもの注目している様子を見ながら，「ぞうさんにしようかな」「きりんさんにしようかな」と悩んで選択して，見せましょう。「何にする」というオープンな質問には答えられなくても，2つのうちの1つであれば，選ぶという行動が獲得しやすいと思います。

★4：活動をふり返る視覚支援

「たまご」「パン屋さん」「バスに乗って」「ミックスジュース」「パンダウサギコアラ」など取り組んだ手遊びのパネルシアターを並べて，「どれがしたい」と選択させてみましょう。自分では選べなくても，前の子どもが選んだものを選ぶことはできるようです。

★5：ポーズを考える

「決めポーズ」というと難しく感じるかもしれませんが，子どもなりに足をあげてみたり腕組みしたりのバリエーションは考えつくようです。同じポーズが続いてもかまいません。ここでは，みんなが同じということが楽しめたら十分です。

※保護者への支援

一人遊びに没頭したり，母親にくっついて離れられなかったりした初期の頃と比較して，自分で遊びを見つけられたり，支援者や他の子ども達の真似っこが楽しめるようになったりする子どもの成長を一緒に喜んであげましょう。家でも真似っこ遊びをせがんで手がかかるようになったという訴えも，「成長の証」とプラスの視点で捉えられるようになるといいですね。

2 ことばをはぐくむプログラム 〈前期〉ことばを増やす

1 指導の目標と基本の枠組み

① 指導目標

「生活や遊びに必要な基本的なことばを増やす」

　集団の生活や遊びの場面で，先生や友達の話すことばを理解し，自分の伝えたいことが話せるようになるために必要なことば，それを頭の中で整理するためのことば（概念）も覚え，言いたいことを思い出しやすくするための方法を身につけます。

② 指導計画

　1回の指導は，60分（事前準備と受け入れ：5分，指導：45分，片づけと記録：10分）。基本は，8回（週1回・約3か月）を目安にし，8回のプログラム展開は，次の通りです。

| ステップ1 | 1〜3回（3回） | ステップ2 | 4〜7回（4回） | ステップ3 | 8回（まとめ） |

| ルーチン：生活や遊びの中にある音やことばを身につける | バリエーション：動きや様子を表すことばや話し方を身につける | チャレンジ：基本的なことばが自発的に使える |

③ 指導の形態

　指導者と子どもの1対1が基本です。（保護者には，活動の様子を参観してもらう）

④ 使用する教材

　対象の子どもの好みに合わせて，パズルや，型はめ，人形，ままごとや電車・自動車の玩具をそろえます。また，聞く遊びで使う生活音や鳥・動物の鳴き声の入ったCD，絵カード（指導者の手作りでも，幼児用のかるたの絵でもかまいません）などの課題を用意します。子どもの好きなシール，クレパスか水性のマジック，のり，セロテープ，はさみなどの基本的な文房具もそろえてください。個別で必要なものは，A5の課題プリントが4つ貼れる大きさの20〜24枚綴りスケッチブック（個人の記録用ファイルになります）と，毎回家から用意してきてもらう写真1枚です。（毎回，写真が難しい場合は，iPadで見るのもOKです）

　取り組む机上課題は4種類で，①手指の操作課題，②マッチング課題，③聞く課題，④話す

課題です。ここでは，覚えやすいように「ドキ・マ・キ・グッド」と命名して，子どもには説明します。手指の操作課題は，ペグさし・型はめ・パズルなどです。入れる・はめるなど「できた」「おしまい」が子どもにわかりやすいものにします。マッチング課題は，子どもが初めて取り組むプリント学習です。見本と「同じ」を探す「仲間集め」タイプと，色や形などを1対1で対応させていくタイプがあります。やり方も，シールを貼る，○で囲む，線で結ぶなど，子どものしやすさを考えましょう。「聞く」課題は，耳を使う練習です。人の声には注意が向きにくくても，電車の音，踏切の音などは聞き分けようとする子どももいます。まずは，「聞く」構えを作りましょう。「話す」課題も最初は，「うん」「ううん」と「イエス」「ノー」から，身近な人の名前，好きなものの名前，慣れてくれば，「ぼくのネコの名前は，アクアだよ」「アクアが，ごはんを食べてる」くらいの文で話せるようにしていきます。

⑤　場の設定

　指導する部屋は，幼児用の机と椅子，課題を置ける棚がある2畳位のスペースがあれば十分です。子どもと指導者を対面にするのか，横並びにするのかで，配置は変わってきますが，子どもの視界に入る正面側は，窓や気が散りやすい壁飾りがないように気を付けましょう。

　子どもがぶつかっても倒れない衝立を挟み，保護者の待つ場所も用意します。指導後に使うお楽しみのゲーム類は，保護者の待つ場所の鍵のかかる整理棚に入れておきます。棚の上には，保護者向けの療育の本を並べて手に取りやすくします。

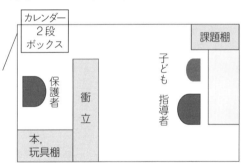

⑥　プログラム終了時に期待される子どもの姿

　このプログラムでは，おしゃべりが楽しめるようになることを目標にしていますので，発音や言い誤りに対しては，注意するのではなく，指導者や保護者が正しいことばを復唱してみせることにとどめます。

　子どもは，プログラムで身につけた「〜と一緒」「〜の友達」「〜と似ている」など身の周りのものをグループ化したり，共通点に注意を向けたりする遊びを自発的にするようになります。

　家庭や園の生活場面で，「これなあに？」「どうなっているの？」などの質問が出てくるようになるでしょう。「知りたい」「わかりたい」という意欲のあらわれです。

　その分，関わり手である大人も，ことばをバリエーション豊かに使用できるよう心がけることが大切ですね。

2 ステップ１の指導の流れ（第１回）

① 今回の目標

・活動の流れと取り組む課題の内容を知る。

② 展開

T：指導者　C：対象児　M：保護者

分	ねらい	方　法	留意点
10	1．活動の流れを理解し，準備する	・親子で，棚に荷物を入れ，スケジュール表の今日のところにシールを貼る。 ・スケジュール表で今からの活動を確認する。 ・「ドキ・マ・キ・グッド」のカードを持って，机の場所に移動し，カードをポケットに入れる。	・荷物を置く場所・スケジュール表・カレンダーを，親子の目線でわかりやすい位置に配置する。 ・カレンダーの「今日」のマッチングをする。（★1） ・カードを持つことで，課題を意識して課題に向かわせる。（★2）
20	2．机上課題（ドキ・マ・キ・グッドの4課題）に楽しく取り組める	・指導者と一緒に座る。 ・4つのかごの課題を，番号順に取り組む。 ・ドキ：型はめ・パズル系課題 ・マ：マッチング課題 ・キ：音を聞いて当てる課題 ・グッド：写真を見て質問に答える課題 ・各課題が終わったら片づけ，次の課題を取ってする。	・子どもが集中しやすいよう机・椅子を配置する。 ・活動は，見て何をするかわかって，その子どもにできる課題を用意する。（★3） ・「キ」の音の種類や大きさは，子どもに合わせる。（★4） ・「グッド」は，子どもの「好きなもの」か「家族」の写真について，話をする。（★5）
10	3．やりたい遊びを選んでする	・「お楽しみ」ボードから，やりたい遊びを選ぶ。 ・Mに選んだ遊びを出してもらう。 ・Tと一緒に，選んだ遊びをする。 ・終わりの時間は示しておく。	・選択しやすいように，2択・3択から，遊びを選ばせる。 ・「○○ください」と，Mに言わせ，「どうぞ」「ありがとう」のやりとりをする。（★6） ・子どもが楽しめる遊びを用意する。
5	4．片づけて，帰る用意をする	・玩具を片づけて，「ごほうびシール」を貼り，スケッチブックをかばんに入れる。 ・あいさつをして帰る。	・「ありがとう」と遊んだ玩具をMのところに返しに行く。（★7） ・返せたら，「ごほうびシール」をもらって貼る。 ・今日の課題をスケッチブックに貼り，持って帰る。

③　プログラムのポイント

★1：カレンダーのマッチング

　子どものスケッチブックの表紙の裏には，カレンダーを貼っておきます。部屋の入口，保護者が待つ場所には，2段ボックスを置きます。棚に荷物を置いたら，ブックのカレンダーの今日のところを探してシールを貼ります。同じカレンダーを棚の前に貼り，今日の印をつけておき，子どもに「同じはどこかな」と探させましょう。

★2：スケジュールボードの提示

　ここで何をするか，子ども自身に見通しを持たせるために，スケジュールボードを用意します。子どもに合わせ，「写真（机・遊び）」「ドキ・マ・キ・グッド」の絵，文字で表示します。

★3：課題への取り組み方

　毎回，先述した4つの課題を用意しますが，1つの課題は2〜3分で「できた」「わかった」と子ども自身が思えるような工夫をすることがポイントです。終わったら，「できた」「おしまい」と課題箱に入れ，次の課題箱を取るというルーチンが身につくようにしましょう。

★4：音の感覚過敏への配慮

　子どもによっては，赤ちゃんの泣き声など苦手な音がある場合があります。前もっての感覚面のアセスメントから，子どもが身近でよく知っている好きな音を聞き分け，音と絵のマッチングができるようにしましょう。「わんわん」で，犬のカードを取ってボックスの家に入れることができれば，OKです。できたら，鳴き声ではなく，犬⇒動物と概念化していきます。

★5：写真か，iPad を見ながら話す

　子どもが自発的に話し始めてくれればよいのですが，なかなか自分から話し出すことは少ないと予想して，指さしや「イエス」「ノー」で答えやすい質問を考えておきましょう。無理に話させようとしなくても，「いいお顔ね」「にこーっ」と写真を楽しそうに見ながら話す指導者に向かって，写真と同じ表情やポーズをする子どももいます。T「にこにこだね」C「にこにこ」と復唱してくれるのも十分やりとりが成立しているといえます。

★6：保護者と一緒にやりとりのことばを

　欲しいものがあると，ことばに結び付きやすいので，「ミニカー，ちょうだい」のように要求の伝え方のパターンを教えていきます。「どうぞ」「ありがとう」ということばと共に，玩具を渡すことが大事です。子どもが選んだ遊びでは，「これなに」「○○はどれ？」のように質問は禁句です。「ガタンゴトン」と場を盛り上げたり「踏切に電車来たよ」などと実況中継をしたりして，遊びが楽しくなるような雰囲気作りをすることが大切です。

★7：遊びの切り上げ

　自分の好きな遊びを切り上げるのは，辛いものです。いくら終わりを予告しておいても，子ども自身は時間の感覚をまだもてず，大泣きすることもしばしばです。1〜3回目が勝負です。子どもの遊びの切れ目をねらって，片づけに誘導し，泣きには応じず，場を切り替えます。

① **今回の目標**

・２～３の口頭指示を覚えて活動できる。

・「だれが何をどうする」の３項目入った文で話ができる。

② **展開**

T：指導者　C：対象児　M：保護者

分	ねらい	方　　法	留意点
10	1. 活動の流れを理解し，準備する	・あいさつ，荷物の片づけ，スケジュールの確認が，自分から進んでできるよう，ヒントとして確認ボードを置いておく。	・M・T共に，子どもの動きや話しかけのタイミングを待つ。「次は何？」と自分で気づかせるように確認ボードを示す。
20	2. 机上課題（ドキ・マ・キ・グッドの４課題）の説明を聞き，理解して取り組める	・活動は，子どもから「これはどうするの」と質問させる。 ・「説明するよ」と手順を口頭指示して，復唱させる。 ・ドキ：パズル・迷路課題 ・マ：マッチング課題（色・形） ・キ：音を聞いて当てる課題 ・グッド：写真を見て質問に答える課題	・Tの説明を聞いて，理解しているか確認してからする。（★1） ・やり方を忘れた時のために，確認できるような視覚支援をする。（★2） ・「マ」は，迷路ができれば，１対１対応の線つなぎもできる。 ・「キ」は，言われたカードを選ぶ方式から，シールを貼ったり〇をつけたりと操作を加える。（★3） ・「グッド」は，「質問」に答える構文パターン枠を示して答えさせる。（★4）
10	3. やりたい遊びを選んでする	・「お楽しみ」ボードから，やりたい遊びを選ぶ。 ・Mに選んだ遊びを出してもらう。 ・Tと一緒に，選んだ遊びをする。 ・終わりの時間は示しておく。	・遊びの選択肢の中に，Tと対戦型のゲームも入れておく。（★5） ・子どもの遊びがパターン化している時は，横でTとMが対戦型の遊びをして見せる。興味を示したら「入れて」と言わせて，一緒に遊ぶ。
5	4. 片づけて，帰る用意をする	・遊びを片づけて，「ごほうびシール」を貼って，スケッチブックをかばんに入れる。 ・あいさつをして帰る。	・「ありがとう」と遊んだ玩具をMのところに返しに行く。 ・返せたら，「ごほうびシール」をもらって貼る。 ・今日の課題をスケッチブックに貼り，持って帰る。

③　プログラムのポイント

★１：指示を聞こうとする姿勢を作る

　活動のパターンに慣れ，「早くやってしまおう」とする子どもも出てきます。そこで，課題を見てわかる内容から，「どっちからする」「何色で書く」「３個貼る」など指示を聞いてできるような課題にします。「ちゃんと聞いてるね」「よく覚えていたね」と課題ができるかできないかよりも「指示を覚えていられること」を大いに認めましょう。

★２：忘れても大丈夫

　「わかった」と課題の答えが見つかったことが嬉しくて，ついついルールを忘れてしまうこともよくあります。その時は，もう一度指示をするのではなく，「あれ？」と子どもが気づくようにヒントの視覚支援を見せます。「そうだった」と自分で気がつくことが大切です。「だめ」「やり直し」と子どもに注意することばを聞かせないように指導者も行動予測して，早めに視覚支援を見せられるように気を付けましょう。

★３：聞き分ける・聞く順番に注意する

　３～５のくだものシールの中から「りんご」と言われたら「りんご」のシールを探して貼ります。できるようになったら，「りんご」「みかん」と数を増やします。言われた順に絵に○をつける，線を引くなどにしていきます。

★４：お話カード

　「　　　　　が，　　　　　で，　　　　　　　　　」の構文カードを用意しておきます。「だれ」が難しい場合は，「○ちゃん」「お母さん」など選択できるヒントの写真や文字を用意しておきます。「どうした」の部分は，「食べた」「走った」などの動詞を入れます。最後に，「どんな気持ちだった」と聞き，「おもしろかった」「たのしかった」「びっくりした」「どきどきした」などの気持ちの表現も盛り込むようにしましょう。

★５：人とやりとりして遊ぶ楽しさを味わわせて

　人形遊びやままごと，電車ごっこなどの遊びは，子どものイメージで遊ぶ遊びです。次のステップに行くために，指導者と２人でできるルールの入ったゲームにも興味をもってもらえたらと思います。やり方がわかりやすく何回もトライできるようなゲームが最適です。市販のドンケツゲームやとんとん相撲，黒ひげ危機一髪のようなものだけでなく，手作りのパチンコやドミノ，チョロＱを２つのコースで競争させるゲームなど，その子どもに合わせて工夫してみてください。それを，指導者と保護者で楽しそうにやって見せます。「やらせる」のではなく，「やりたくなる」設定がポイントです。

① **今回の目標**

・自信をもって，課題に取り組める。

・簡単に自分のことを説明できる。

② **展開**

T：指導者　C：対象児　M：保護者

分	ねらい	方　　法	留意点
5	1．自ら進んで準備する	・一連の活動準備をする。	・カレンダーの「今日」が最終日であることを示しておく。(★1)
20	2．自分で選んだ机上課題（ドキ・マ・キ・グッドの4課題）に自信をもって取り組める	・4課題それぞれ2パターン用意しておき，自分でやりたい方に取り組む。 ・ドキ：立体パズル・ひらがな迷路課題 ・マ：数字と数，同じ文字のマッチング ・キ：3つのヒントのなぞなぞ ・グッド：今までの8枚の中から選んで話す	・課題ごとの違いは，子どもにわかる形で説明する。 ・「どっちもする」という選択肢もOKとする。(★2) ・この時点で，数字やひらがなが読めるかどうかを確認する。左右の手の協応の程度も確認する。(★3) ・「キ」は，スリーヒントゲームの要領です。(★4)
10	3．やりたい遊びをT・Mと3人で楽しめる	・「お楽しみ」ボードから，やりたい遊びを選ぶ。 ・Mに選んだ遊びを出してもらう。 ・3人一緒に，選んだ遊びをする。 ・終わりの時間は示しておく。	・今まで遊んだ遊びの写真を並べ，その中から選択して遊ぶ。「最後なので，TもMも3人でできる遊びを選んでほしい」ことは伝える。選ぶのは子どもで，どの遊びになっても付き合う。
10	4．頑張った8回分をふり返る	・遊びを片づけて，「ごほうびシール」を貼って，スケッチブックをかばんに入れる。 ・Tのインタビューに答える。 ・Tから「頑張った賞」を渡す。 ・あいさつをして帰る。	・「ありがとう」と遊んだ玩具をMのところに返しに行く。 ・返せたら，「ごほうびシール」をもらって貼る。 ・おもしろかったこと，がんばったことについて，スケッチブックを見ながら，思い出して言う。(★5) ・今日の課題と「頑張った賞」をスケッチブックに貼って，持って帰る。

③ プログラムのポイント

このプログラムの最終回にあたるので，子どもの到達点を確認することが大事です。

★１：カレンダーの「おしまい」の意味

指導日の「終わり」を意識させるように，次の週にはマークがついていないことを示し，「次がないこと」＝「おしまい」という意味の説明が理解できているか確認する。

★２：課題選択の自由

「どっちをしてもいい」という提示で，「これする」と子どもが選べることを確認する。しかし「どっちもしたい」という子どもが大半です。それは，どの課題もやったことがあり，その面白さがわかっているという証拠でもあります。

★３：数字やひらがなへの興味

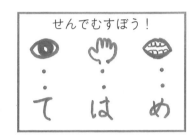

上下・左右に並んだ「同じ数字」または「数字と絵」や，「同じひらがな」または，「て」と「手の絵」のように，形の異同弁別や，数字と数，文字と音の一致がどれくらい定着しているか確認します。数字やひらがなに興味が出てきていれば，次のプログラムへの移行準備が整ったといえます。

同時に，パズルを回転させたりパズルをはめたりする利き手の反対側の手で台紙を押さえることができているか，運筆がスムーズかどうかも確認します。

★４：３つのことばを聞いて覚えるなぞなぞ

「赤くて，丸い，くだもの」で「りんご」，「黄色くて，細長い，くだもの」で「バナナ」のようななぞなぞを用意し，５枚くらいの絵カードの中から選ばせます。反対に，子どもの方が「わたしがなぞなぞ問題を出したい」と言えば，役割を交代してやります。

★５：記録を見ながら話す

８回分のスケジュールや毎回取り組んだ課題を貼ったスケッチブックを見ることは，子どもにとっても誇らしい気持ちになるようです。わたしは余裕がある時には，頑張っている姿を写真に撮っておき，次の回にプレゼントし，その日の頁に貼っていくので，写真を保護者と一緒に見ながら，「すごいね」「頑張ってるね」と話し合います。保護者が喜んでくれる姿を見るのは子どもも嬉しいのです。課題を見返している時に，「あっ，この迷路，ケーキの形になっていたんだ」と，その時には気づかなかった発見をすることもあります。それも子どもの成長の証です。

※指導者のふり返りと，子どものふり返り

プログラムの終了時は，指導者にとって，目標としたことばを子どもが獲得できたかどうか確認するべき評価の時です。しかし，子どもにとっては，保護者に見守られながら，指導者と楽しい遊びをたくさんしたという満足感が得られたかが重要です。８回の指導ですべての必要なことばを教えることは不可能です。子どもが「ことばっておもしろい」と自ら身の回りのことばへの関心を高め，生活の中で吸収してきたものを確認する時間なのです。

3 ことばをはぐくむプログラム〈後期〉読み書きの土台をつくる

1 指導の目標と基本の枠組み

① 指導目標

「読み書きのベースとなる音韻認識とことばで説明する力をつける」

就学前に，ひらがなを習得する基本となる音－文字変換のルールを理解し，ひらがなを見分けたり書き分けたりする視知覚を高める方法を身につけます。

② 指導計画

1回の指導は，60分（事前準備と受け入れ：5分，指導：50分，片づけと記録5分）。基本は，8回（週1回・約3か月）を目安にし，8回のプログラム展開は，次の通りです。

ステップ1	1～3回（3回）

ルーチン：形やことば，友達の考えとの異同弁別力をつける

ステップ2	4～6回（3回）

バリエーション：形やことば，友達の考えとの違いを説明できる

ステップ3	7・8回（2回）

チャレンジ：自分の考えを，ことばや文字で表現できる

③ 指導の形態

指導者と子ども2～3人のグループが基本です。

指導者が2人の場合は，4人でもOKです。（保護者は，活動の様子を参観し記録する）

④ 使用する教材

・手遊び…ステップ1：頭肩膝ポン・パンダウサギコアラなど，左右同じ動きの手遊び
　　　　　ステップ2：やきいもグーチーパー・グーチョキパー・ゆびさんはくしゅなど，左右やじゃんけんの形の名前，指の名前が覚えられる手遊び
・形遊び…ステップ1：○△□を使ったパズル（できれば，2分割した形も導入）・迷路
　　　　　ステップ2：数字やひらがなのパズル・数字やひらがなの迷路
・ことば遊び…ステップ1：絵とことばのマッチング・同じ文字見つけ（あのつくもの）など
　　　　　　　ステップ2：3つの音のことば・ことばすごろく・音ぬき歌・しりとりなど
・製作遊び…ステップ1：ビニル袋風船・紙飛行機・紙鉄砲・作って遊べる折り紙など

ステップ２：洗濯ばさみ動物・輪ゴムの図形作り・ペグボードの形作りなど

・お話遊び…ステップ１：パネルシアターや紙芝居など

　　　　　　　ステップ２：昔話の絵本

　これ以外に，子どもの個人用ファイル，保護者の記入する評価用紙，スケジュールボード，シール，鉛筆・のり・はさみ・バインダーなどの文房具，はじめの会とおわりの会の時に使うマイクのおもちゃ，立ち位置を示す足型や「見る」「聞く」を注意喚起するための貼紙も用意します。

マイクはスポンジのボールとトイレットペーパーの芯で作ります。

カードはパウチして裏に「滑り止め」を貼ったりマジックテープを貼ったりしておきます。

⑤　場の設定

　小グループ指導になりますので，指導する部屋は，小学校の普通教室の半分位の広さがあるとベストです。指導する子どもの人数分の幼児用の机と椅子をホワイトボードか黒板の方を向けて１列に並べます。部屋の出入口側の側面に，荷物を置く棚を設置し，ベンチと時計を置いて，開始時間（全員そろう）まで待つコーナーを用意します。子どもの後ろ側の壁に参観席を設け，保護者はそこに座り，プログラムの書いた用紙を挟んだバインダーを持って，自身の子どもの姿を記録します。

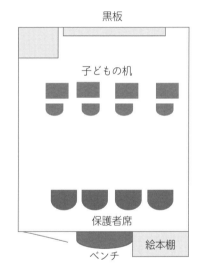

⑥　プログラム終了時に期待される子どもの姿

　このプログラムでは，就学前の学習スタイルを身につけることが１番大切です。先生や友達が話している間は，見る・待つ・他の話をしないなどの行動もしっかり評価します。

　そして，友達同士の教え合いも，自分勝手にやってしまうのではなく，ヒントを出すというサポートの仕方を身につけてもらいます。

　もちろん，ひらがなの分解・合成の力や，ことばでことばの説明ができようになることは目標にしていますが，全てのひらがなの読み書きができるようになるというのではありません。ひらがなや数字への関心を高め，「そうか，あひるの『あ』は，あるくの『あ』と一緒だったんだ」とか，「『し』と『つ』って，同じような形だけど，起きているのと寝ているのとが違うね」などの気づきを促し，「小学校に行ったらもっといっぱい，いろいろなことが発見できるよ，楽しみだね」と，学ぶことの楽しさがわかる子どもに育てたいと考えています。

2 ステップ1の指導の流れ（第1回）

① 今回の目標

・活動の流れと取り組む課題の内容，一緒に学ぶ友達を知る。

② 展開

T1：指導者　T2：補助する支援者　C1～C3：対象児　M1～M3：保護者

分	ねらい	方　法	留意点
10	1．はじめの会で，待つ・返事をする，活動の流れの見通しをもつことができる	・子どもがそろった段階で，外から並んで入室し自分の席に座る。 ・あいさつ，日付と曜日を言う。 ・名前を呼ばれて返事をする。 ・スケジュール表で今からの活動を確認する。	・一度外に並ぶことで，気持ちを切り替えさせる。 ・カレンダーの曜日，友達の名前はひらがなで表記する。（★1） ・ホワイトボードの左端には，今日の流れを掲示しておく。
5	2．手遊びを見ながら真似できる	・T1がやって見せ，真似しながら覚えさせる。	・T2は，フレーズと動きを書いた視覚支援を指さしながら歌う。 ・Mにも覚えてもらう。（★2）
5	3．形遊びの課題を理解し，取り組める	・個別に配られたボードの絵に合う〇△□の形を置いて完成させる。	・早くできることより，きちんと合わせて置けることを認める。（★3）
5	4．ことば遊びの課題を理解し，取り組める	・プリント課題とホワイトボードでT1がするやり方を見て，同じようにやってみる。	・知らないひらがな，名前のわからない物がないか，全員で言いながら確認させる。
10	5．製作遊びの課題を理解し，取り組める	・T1がビニル袋風船を作るのを見る。 ・一人一人，ビニル袋に息を吹き込み，膨らませ，テープで止めて，ビニル袋風船を作って遊ぶ。	・袋の口を絞れない子どものために，ストローを最初に袋につけておく。 ・「手伝って」と言えば助けてもらえることを確認して始める。 ・立って，風船をついて遊ぶ時間を取る。（★4）
10	6．終わりの会で，今日したことを思い出し，感想を言える	・スケジュール表を見ながら，今日の活動を思い出す。 ・1人ずつ，「おもしろかった」活動を言う。	・子どもの中から，「〇〇がおもしろかった」と言うことが難しい時は，T2が見本を示す。
5	7．帰る用意がスムーズにできる	・自分のファイルに，今日やったプリントと宿題をはさむ。 ・持ち物をカバンに入れ，あいさつをして帰る。	・2つ穴のファイルに，プリントを綴じる経験をしていない子どもは，Mと一緒にしてもらう。 ・手遊びは，宿題にする。

③　プログラムのポイント

★１：カレンダーのマッチング

　〈前期〉のプログラムと同様に，視覚的手掛かりであるカレンダーを使って，今日は「何月，何日，何曜日」かを確認します。できれば，家庭でも，カレンダーを見て，「ここが，指導の日だね」と印を入れたり，予定を書いたりする経験をさせてもらいましょう。

★２：手遊びは宿題

　その回でする手遊びプリントを渡し，親子で遊んでもらうことを宿題とします。取り組んだ回数分のシールを貼ったり，した日に○をつけたり，日付を書き込んだり，記録の仕方は子どものレベルに合わせてかまいませんので，結果を記録する習慣をつけさせましょう。

★３：形のパズルの工夫

　小学校の算数セットに入っているような厚紙の色形板は，幼児には扱いにくいものです。

　置いたはずが，次を置こうとしている間にずれてしまうこともあります。そのため，形は，厚みのあるソフトスポンジを切って手作りしたり，ボードと色形板が磁石でくっつくタイプのものを使用したり，不器用さや多動のある子どもが，イライラしないで取り組めるようにしてあげましょう。

★４：製作の支援

　「ビニル風船を作ります」とことばだけで説明されても，子どもはイメージがもちにくいので，最初に「こんなビニル風船を作ります」と完成品を見せましょう。手順表を示すことも大切ですが，必ず指導者の示す順番で作るとは限りません。材料と完成品の見本を見るだけで作ってしまえる子どもには，自由に作らせます。もちろん，吹く，セロテープを切るなど作業に時間がかかる子どももいます。仕上げに時間差が出てくるので，早くできた子どもからできたもので遊びながら待つ時間をとり，「早く」とせかしたり，指導者がやってしまったりしないように気を付けましょう。ただし，ここまでという終わりの時間は示しておきます。

　※このプログラムは，小学校生活への移行を意図しているので，わざと指導者との対面形式で活動を進めます。構成する子ども達のタイプに合わせて，１～５の時間配分は変わってきます。10分から15分に１回は，席を立って，歌ったり動いたりできる内容を工夫しましょう。

　椅子に座った時に足がぶらぶらしないように踏み台を置いたり，立ち位置を示す足型を床に貼っておいたり，セロテープ台・はさみ・鉛筆などは，その子どもが使いやすいユニバーサルデザインのものを使いましょう。グループだから全員一緒にする必要はありません。

　日付や曜日，時間への関心，持ち物の始末やファイリングの仕方など，意識しないと，なかなか家庭生活では経験しないままになります。これらの活動が，スムーズな小学校生活の基礎となる力であることも，参観している保護者に気づいてもらい，家庭でも意識的に取り組んでもらえるようにしましょう。

3 ステップ2の指導の流れ（第4回）

① 今回の目標

・聞いた指示を覚えて，活動に取り組める。

・ことばの中にある音の数に注意を向ける。

② 展開

T1：指導者　T2：補助する支援者　C1〜C3：対象児　M1〜M3：保護者

分	ねらい	方　　法	留意点
10	1．はじめの会に落ち着いて参加できる 日付や曜日が正しく言える	・名前を呼ばれた子どもは，次の友達の名前を呼ぶ。 ・「今日」,「明日」,「昨日」の日付と曜日を言う。	・友達の名前が覚えられているか確認する。 ・「明日」「昨日」の意味がわかるか確認する。(★1)
5	2．手遊びをする	・右と左，指の名前，じゃんけんの入る手遊びをする。	・「左右」「指の名称」「じゃんけんの勝敗」の理解ができているか確認する。(★1)
5	3．点つなぎの課題を理解し，取り組む	・時間内に自分の決めた枚数の点つなぎ，数字つなぎなどのプリント課題に取り組む。	・作業速度に差があるので，自分のできる枚数だけすることを認める。(★2)
5	4．ことばの中にある音の数がわかる	・ホワイトボードに貼ってある動物カードの中から「2つの音の動物」を探す。	・貼ってある動物の名前を，「『ぞう』は手を2回たたく」など確認した後，1人ずつ探させる。(★3)
10	5．紙皿や洗濯ばさみを使って，立つ動物が作れる	・洗濯ばさみを足に見立てて，紙皿を半分に折った胴体に挟んで好きな動物を作らせる。 ・動物の顔は，いろいろ作った中からはさみで切り抜いて貼る。	・作った動物をそれぞれの名前の書いてある家に入れたり，餌を食べさせたり，動物園の道順を考えたり，子ども同士で遊ばせる。(★4)
10	6．終わりの会で，今日したことを思い出し，感想を言える	・1人ずつ，「頑張ったこと」の感想を言う。	・「プリント3枚頑張った」「フラミンゴの足2本で立つところを，頑張った」など，自分の頑張りを具体的にふり返らせる。
5	7．片づけて，帰る用意をする	・自分のファイルに，今日やったプリントと宿題をはさむ。 ・持ち物をカバンに入れ，あいさつをして帰る。	・ファイルを宿題袋（チャック付き）に入れる作業を加える。

③ プログラムのポイント

★1：ことばの意味を説明する

　普段使っているからわかっているものと考えず，「明日は，今日の次の日のこと」「右手と右足は同じ側にある」など，確かめるひと手間を惜しまずにしましょう。子ども同士で，「今日がここだから，その前，ここが昨日だよ」などと教え合いさせると，理解しやすい場合があります。「小指って何かな」と聞いた時，「赤ちゃん指のこと，ほら小さいねこを『こねこ』って『こ』つけるでしょ，だから，『こ・ゆび』なの」と，上手に説明してくれる子どもがいて，みんなが「なるほど」と納得したことがありました。

★2：点つなぎプリントは，子どもが選ぶ

　点つなぎの課題では，見本と同じ位置の点が見つけにくい子どももいます。始まりの点を赤にして，見つけやすいようにしたり，クロスする線が見分けにくい時には，①から②は赤線，②から③は緑線と，数字や色で弁別しやすいようにしたりの支援が必要です。さっとできる子ども用に，6点・9点とチャレンジプリントを用意しておくことも飽きさせない工夫です。枚数の多さだけを競わせる必要もなく，自分でやりたいだけできれば十分です。左利きの子ども用には，右に見本の図がくるように左右逆転したプリントにしておきます。

★3：音の数の感覚をつかむ

　1つ1つ動物の絵を見ながら，手をたたいてみましょう。最初は「カンガルー」「チーター」などの伸ばす音が入らない動物から取り組みます。1文字1音のルールがつかみにくい子どものために，最初は，動物カード「ねずみ」に「●●●」を書き加え，慣れてきたら「ねずみ」の文字に置き換え，最後は文字のヒントを消して，頭の中で音の数を考えさせるというように丁寧に進めていくことが大切です。動物から，やさい，くだものなどバリエーションを変えながら丁寧に繰り返して，音と文字のつながりの感覚を身につけさせましょう。

★4：洗濯ばさみで，「つまむ」指の動きをスムーズに

　鉛筆で書く時に，筆圧の弱い子どもがいます。反対に，しっかり鉛筆を握りすぎてすぐに疲れてしまう子どももいます。「書く」ことのベースになる指先の操作力を高めることが大事です。

　つまむ・離す，思った場所をはさむなど，楽しみながら指先の調節力をつけることができる製作遊びですが，訓練にならないように，みんなで動物園作りを楽しみましょう。指導室の入口に飾っておくと，次々に家で作ってきた新しい動物が増えていくことでしょう。

4 ステップ3の指導の流れ（第7回）

① 今回の目標

- ・「はじめの会」「手遊び」「おわりの会」の司会ができる。
- ・自分の名前のひらがなのつくことばが言える。
- ・自分の覚え方を説明できる。

② 展開

T1：指導者　T2：補助する支援者　C1～C3：対象児　M1～M3：保護者

分	ねらい	方　法	留意点
10	1．はじめの会に自主的に参加できる	・子ども同士で，どのパートの司会をするか決める。 ・マイクをもった司会に合わせてあいさつ，「今日の日付は？」「天気は？」の質問に答える。	・「はじめの会」「手遊び」「おわりの会」の名札を作っておく。 ・司会のことばを書いておく。 ・指名されてから答えるように促す。^(★1)
5	2．手遊びをする	・司会が選んだ手遊びをする。	・司会には今までの手遊びを見せて，自由に選ばせる。^(★1)
5	3．点つなぎか，迷路で，名前を書く	・自分の書きやすい方法で，自分の名前を書く。	・それぞれの子どもの名前を点つなぎ，迷路の2パターンで作っておき，選ばせる。^(★2)
10	4．自分の名前のひらがながつくことばが言える	・「よ・し・み」だったら，「よる・しか・みるく」というようにことばを考えるゲームをする。	・名前の書いたプリントを用意しておき，思いついたところから，ことばを言うか書かせる。 ・思いつかない場合は，ヒントのカードから探してもよい。^(★3)
5	5．ペグボードに，自分の選んだ見本通りに，ペグをさせる	・見本通りにペグの色を覚えて，ペグボードの同じ場所にさして完成させる。	・赤・黄・青・緑，各色10本位のペグを用意しておく。 ・ペグの並びは，横並び10，四角形9点，16点のどれでもよい。^(★4)
10	6．終わりの会で，今日したことを思い出し，感想を言える	・終わりの会の司会は，今日のスケジュールを言う。その後「ドキドキしたこと」を聞く。 ・1人ずつ，「ドキドキしたこと」の感想を言う。	・「司会になってドキドキした」「ペグの順番の間違いでドキドキした」など，自分のドキドキした気持ちを具体的にふり返らせる。
5	7．片づけて，帰る用意をする	・終わりの会の司会から宿題をもらう。 ・持ち物をカバンに入れ，あいさつをして帰る。	・おわりの会の司会の仕事として，配布係もしてもらう。^(★1)

48

③ プログラムのポイント

★1：司会の役割を意識する

　所属する園生活では，当たり前のように当番活動をしているはずですが，毎日のルーチン化した内容とペアの助けでこなしている子どもが大半です。このプログラムの仕上げとして，自分が「仕切る」という体験をさせていきましょう。大切なことは，「何を，どの友達に聞くのか」という自己選択をするという体験です。係の名札とマイクを「心の杖」にして，役割としてのことばを言う体験を味わわせてあげましょう。

★2：自分の名前を書く

　ひらがなの練習では，なぞり書きをさせることが一般的です。ただ，下書きをなぞるだけでは，筆順を意識できず，また，はみ出さないようにきれいになぞることは難しいものです。これまで，練習してきた点つなぎや，迷路を使って，名前のひらがなを構成してみましょう。きっと，負担感なくひらがなの書きにも取り組めるはずです。

★3：ことばの中の音を切り分け，想起する

　「あり」の「あ」と，「あめ」の「あ」が同じということが理解できて，初めてことばに組み合わされているひらがなの1つ1つが意識できるようになるのです。すぐに思いつかなくても，絵カードをヒントに思い出せたら十分です。「あ」のつくことばのバリエーションが増えてこそ，「しりとり」遊びが楽しめるようになるのです。一般的なしりとり遊びでは，人が言っていないことばを思いつかなければ，負けてしまいます。ことばの語尾を抽出することは，本当の意味で音韻抽出の力が弱くても可能です。保続の法則で，「りんご」の「ご」は，切り出せるのです。問題は，その「ご」のつくことばをすぐに想起することであり，それが難しいために，しりとりができないという子どもが多いのです。

★4：ペグの並びの見本を覚える

　指先の操作力がついてきたところで，今度は「見本の中の法則性」を覚える練習に移ります。
　見本が，「赤―赤―赤―黄―黄」と並んでいるのを見て，「赤が3つに，黄色2つ」と言葉にして覚え，それを再現するというペグさし遊びです。4×4の16点のボードでも，見本が「縦に赤4本，右に青2本」と覚える子どももいますし，「赤で1，青で0」と見本を「10の形」と覚える子どももいます。要するに，どういう覚え方でもいいので，自分なりに理屈をつけて覚える体験をさせることが，弱いワーキングメモリーを活用する方法の1つになります。指導者には，子どもなりの覚え方を聞き取っていく姿勢が求められます。

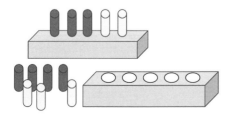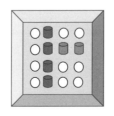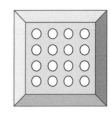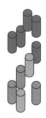

4 友達との遊びを育てる プログラム

1 指導の目標と基本の枠組み

① 指導目標

「同年代の友達と一緒に遊べる力をつける」

　友達と一緒に遊ぶためには，次の３つの力が必要です。遊びのルールを理解すること，相手の友達が何について話しているかわかること，そして，自分の気持ちをコントロールして，終わりまで付き合うことができることの３つです。自由に遊ばせるだけでは難しいので，少人数のグループ活動の中で，それらの力を少しずつトレーニングしていくことが大切です。

② 指導計画

　１回の指導は，60分（事前準備と受け入れ：５分，指導：50分，片づけと記録：５分）。基本は，８回（週１回・約３か月）を目安にし，８回のプログラム展開は，次の通りです。

ステップ１	1〜3回（3回）
ステップ２	4〜6回（3回）
ステップ３	7・8回（2回）

ルーチン：ルールをことばで確認しながら，友達とゲームに参加できる

バリエーション：自分で決めためあてを意識しながら，友達とゲームを最後までやり切る

チャレンジ：友達や状況に合わせて，ことばや行動を調節できる

③ 指導の形態

　指導者２人と子ども４人から６人のグループ（２人ペアになれるように）が基本です。
（保護者は，活動の様子を参観し記録する）

④ 使用する教材

・手遊び…ステップ１：やきいもグーチーパーのような友達とふれ合う２人組でする手遊び
　　　　　　ステップ２：王様じゃんけんやゴキブリじゃんけんのような仲良し遊び
・よく見よう…ステップ１：３×３のビンゴゲーム
　　　　　　　ステップ２：変身ゲームや「どっちがへん」かを見極めるゲーム
・よく聞こう…ステップ１：○×クイズや「どっちに進む」ゲーム

ステップ2：なぞなぞや，スリーヒントゲーム
・みんなでゲーム…ステップ1：エンドレス人間すごろくや，玉入れゲームのような勝敗の差がわかりにくいゲーム
ステップ2：風船送りゲームやパネル返しのようなチーム対抗のゲーム

　これ以外に，プログラム3と同様，子どもの個人用ファイル，保護者の記入する評価用紙，スケジュールボード，シール，鉛筆・のり・はさみ・バインダーなどの文房具，はじめの会とおわりの会の時に使うマイクのおもちゃ，立ち位置を示す足型や「見る」「聞く」を注意喚起するための貼紙も用意します。

⑤　場の設定

　指導する部屋は，小学校の1教室分位の広さがあるほうが，はじめの会・おわりの会をするコーナーと机上課題をするコーナー，身体を動かしてゲームをするコーナーの3分割ができて，効率的です。場所が限ら

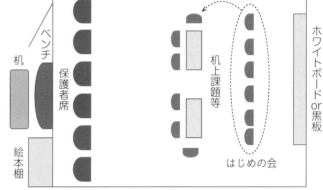

れている場合は，ゲームをする時だけプレイルーム（運動室）へ移動してもかまいません。

　指導する子どもの人数分の椅子とどの園にもあるような4〜6人掛けのテーブルを1〜2台用意し，グループで座るようにします。部屋の出入口側の側面に，荷物を置く棚を設置し，ベンチと時計を置いて，開始時間（全員そろう）まで待つコーナーを用意します。人数が増える分，そろうのに時間がかかりますので，コーナーには，「ウォーリーを探せ」や「迷路遊び」のようなゲーム性のある絵本，子どものお気に入りの動物や恐竜図鑑などを置いて，来室した子ども同士が一緒に楽しめるようにします。可動式のホワイトボードは，衝立の代わりにもなります。

　プログラム3と同様に子どもの後ろ側の壁に参観席を設け，保護者は，プログラムの書いた用紙をはさんだバインダーを持って，自身の子どもの姿を記録します。

⑥　プログラム終了時に期待される子どもの姿

　このプログラムでは，参加する子ども同士が自然に関わって遊ぶための素地を作ることが大切です。指導者は，互いの子どもの気持ちの代弁者であるように努め，遊びがうまく展開している時は，極力，介入を控えるようにします。そうして，子ども同士が，友達と遊ぶのが楽しいと，経験を通して実感できることが大切です。ここで学んだ関わり方を活用して，「一緒にティラノサウルス探さない？」とか，「今の間に，じゃんけんゲームしよう」など，自分達のできる遊びを提案し合い，自主的に遊び出せるようになればいいですね。

2 ステップ1の指導の流れ（第1回）

① 今回の目標

・ここでの活動のルールと，一緒に学ぶ友達を理解する。

② 展開

T1：指導者　T2：補助する支援者　C1〜C8：対象児　M1〜M8：保護者

分	ねらい	方　　法	留意点
10	1．はじめの会で，「今日のめあて」と活動の流れと友達を知る	・子どもがそろうまで待ち，並んで入室し自分の席に座る。 ・あいさつ，日付と曜日を言う。 ・自己紹介する。 ・「今日のめあて」と今からの活動をボードで確認する。	・参加する子どもの顔写真を掲示し，来た子どもから掲示場所を移す。 ・そろってから，静かに入室させる。 ・自分の呼んでほしい名前を言わせる。(★1) ・「今日のめあて」と活動の流れを掲示しておく。
5	2．2人組になり手遊びをする	・T1，T2の2人がやって見せ，並んで座っている友達と2人で真似してやってみる。	・T2は，フレーズごとに止めて，2人組の動きを確認する。(★2) ・Mにも覚えてもらう。
10	3．よく見よう：ビンゴゲーム	・ビンゴゲームのやり方を聞き，シールビンゴをする。	・9枚のシールをそれぞれの枠に貼った後，ビンゴをする。 ・作業は個人差が出やすいので，個別に配慮する。(★3)
5	4．よく聞こう：○×クイズ	・1人ずつ，○×カードを持ち，指導者の言うことが，○か×かを当てるゲームをする。	・「犬は動物です」のような1文をゆっくりと言い，子ども達に判断させる。友達同士で相談してもよいことにする。(★4)
10	5．みんなでゲーム：円陣サッカー	・全員で，円になるように椅子に座ったままで，ソフトサッカーボールをけり合う。	・最初に，遊びのルールを確認する。強くけるより，パスがつながることを目標にゲームを進める。(★5)
5	6．終わりの会で，今日したことを思い出し，めあてができたか言う	・スケジュール表を見ながら，今日の活動を思い出す。 ・今日のめあてができたら，ごほうびシールをもらう。	・活動項目の内容を意識して思い出せるように話し合いをする。 ・できるだけ，子どもに発言させる。 ・子ども自身にふり返らせ，達成感がもてるようにする。(★1)
5	7．帰る用意がスムーズにできる	・自分のファイルに，ビンゴシートと宿題を綴じる。 ・持ち物をカバンに入れ，あいさつをして帰る。	・2つ穴のファイルに，プリントを綴じる経験をしていない子どもは，保護者と一緒にしてもらう。 ・手遊びは，宿題にする。

③ プログラムのポイント

★1：「今日のめあて」で，友達を意識しよう

　最初は，個別のめあてではなく，グループ全体で1つのめあてにします。第1回目は，「友達の名前を1人覚えよう」として，まずは，友達に呼んでほしい名前の言い方を確認します。『あっくん』が良いのか『あーちゃん』が良いのか，一人一人の呼び方を確認し，みんなで呼んでみましょう。そして，終わりの会では，覚えた友達の名前が言えたら，大いにほめてあげましょう。遊びや活動のルールは，覚えられなくてもOKです。その都度確認しましょう。

★2：2人でする手遊びの見本

　触覚過敏の少ない子ども達の場合は，「きゅうりができた」や「ぞうきん縫いましょ」のような1人が〝する〟動き，もう1人はきゅうりやぞうきんになって〝される動き〟を体験させましょう。その場合，指導者も2人組で，どちらの動きの見本かがわかりやすいように，立ち位置やマークをつけて子ども達が見分けやすいようにします。

　触られるのが苦手な場合は，「おてらのおしょうさん」や「やきいもグーチーパー」のように，2人で同じ動きをする手遊びから始めますが，ジャンケンで勝敗は決めません。

★3：ビンゴゲームのルール

　ここでするビンゴゲームは，3つのステップがあります。1つ目は，9マスに9種類のシールを貼る。好きな所に貼っていくというのができず，順番に貼っていく子どももいますので，9種類はバラバラにして混ぜて用意し，1人1袋ずつ渡し，貼らせていきます。2つ目は，その9種類のシールを1つずつ貼ったカードを子どもに引かせ，その名前を言う。子ども達は，言われたシールの場所を見つけ〇をつける。3つ目は，〇が，縦・横・斜めそろったら，「ビンゴ」と言う。グループの子どもの作業速度を見て，時間がかかりそうであれば，最初からシールを貼ったビンゴの台紙を選ばせる，子どもではなく指導者がカードを引くなど，工夫する必要があります。最後の1人がビンゴになるまで，何本でもビンゴになってよいのですが，ビンゴの線の色を変えるか，1ビンゴ2ビンゴと線に番号を振るか工夫しておかないと，交差する線が見分けられない子どももいます。

★4：〇×の札に注意

　市販されている〇×の札は裏表になっていて使いにくいので，両面同じマークになるようにした札を用意しておくことが大事です。

★5：勝敗のないゲーム

　勝ち負けのあるゲームは苦手な子どもが多いので，最初はみんなで一緒に遊べることを目標にします。サッカーは子どもの好きなゲームではありますが，自由に動くと子ども同士がぶつかりトラブルになることが多いので，最初は座ったままけってパスを送るゲームから始めます。同様に，風船バレーや，ボール送りゲームなど，円で座ったまま取り組めるゲームに慣れさせましょう。「あっくん，行くよ」と送りたい子どもの名前を呼んでパスするのもよいですね。

① **今回の目標**

・自分で決めためあてを意識しながら，友達と遊びやゲームを最後までやり切る。

② **展開**

Ｔ１：指導者　Ｔ２：補助する支援者　Ｃ１～Ｃ８：対象児　Ｍ１～Ｍ８：保護者

分	ねらい	方　　法	留意点
10	1．はじめの会に落ち着いて参加できる 自分の頑張りたいことを言う	・当番の子ども（２人組）を決めあいさつ・出席調べ・今日の日付の確認をする。 ・自分で決めた「頑張りたいこと」を順番に言う。	・当番の仕事の手順表を見ながら，２人でさせる。 ・「頑張りたいこと」は，保護者と決めてくる。(★1)
5	2．２人組になりじゃんけん手遊びをする	・「みそラーメン」や「あっちむいてホイ」など２人で対戦する手遊びをする。	・最初に，指導者が見本を見せる時，負けた方が「悔しいけど，もう１回」など立ち直り方を見せる。(★2)
5	3．よく見よう ：変身ゲーム	・衝立の後ろで，眼鏡をかけたり帽子をかぶったりしてから，子どもの前に立ち，どこが変わったか当てさせる。	・「変わった点」に気づいても，すぐに言わないで立つ，グループで話をして，声をそろえて言うルールを守らせる。(★3)
10	4．よく聞こう：スリーヒントゲーム「動物編」	・「わたしは誰でしょう」と３つのヒントを聞き，答えを当てるゲームをする。	・人数分の問題を用意し，１人ずつ問題を言い，手を挙げている子どもを当てて答えさせる。(★4)
10	5．みんなでゲーム：ボール早送り競争	・２チームに分かれて１列に並び，ボール送り競争をする。	・最初に，遊びのルールを確認する。列の先頭は，ボールを取りに行き，最後尾の子どもは，ボールを戻してゴールとする。(★5)
5	6．終わりの会で，今日したことをふり返り，「頑張りたいこと」ができたか言う	・当番が，会を進行する。 ・１人ずつ「頑張りたいこと」ができたかどうか，○△×のジェスチャー付きでふり返る。	・当番の子どもが，話す手順表を準備しておく。 ・子ども自身にふり返らせ，みんなで一緒にほめ合う。
5	7．帰る用意がスムーズにできる	・自分のファイルに，スリーヒントゲーム用紙と宿題を綴じる。 ・持ち物をカバンに入れ，あいさつをして帰る。	・２枚のプリントを重ねて，２枚一緒に綴る。 ・次回のめあて・手遊び・スリーヒントの問題作りは，宿題にする。(★6)

③　プログラムのポイント

★1：「頑張りたいこと」は具体的にポジティブに

　「負けても泣かない」「友達より先に答えを言わない」など，つい「〜ない」をめあてにしてしまいがちですが，「負けて泣いても最後までする」「友達より先に答えを言いたくなったら，小さい声で先生に言う」など，失敗させないのではなく失敗を次の手に変える発想で考えることが大切で，保護者にとってもポジティブ表現をする練習になります。

★2：負けからの立ち直りの呪文

　ジャンケンで負けた時どうやって立ち直るのかがポイントです。指導者の見本だけでなく，友達の立ち直り方も見せて，「大丈夫」「まだやれる」「この次頑張る」など自分を励ます呪文をどの子どもにも身につけさせてあげたいものです。

★3：グループで「秘密会議」

　「わかった」と変化に気づくのが早い子どももいますが，ゲームはチーム戦です。「帽子だよね」「うん」「そう思う」などの話し合いが大事です。「では，答えを聞きます。声をそろえて言ってください，1，2の〜」と答えるパターンを決めておいて，友達と声をそろえる気持ちよさを味わわせて

あげましょう。変身バージョンは，回を重ねるごとに複数の箇所になり，微妙な変化になるように考えてください。慣れれば，グループ対抗で，「変身マン」を選出して，相手グループに問題を出します。

★4：スリーヒントの問題の出し方の構文を作っておく

　まずは，子ども1人ずつ問題を作ります。「わたしの大きさは，　　　　」「わたしの好きな食べ物は，　　　　」「わたしの得意なことは，　　　　」のように，問題文の構文を渡し，それぞれに作成します。字の書けない子どもは，指導者が聞き取って書いていきます。手を挙げている子どもの誰を当てるかは，問題を出す子どもに任せます。

★5：チーム対抗戦は，列を作って

　エキサイトするとどうしても手が出たり動きが大きくなったりして，子ども同士のトラブルになります。動きの自由度が大きな鬼ごっこやしっぽ取りは，高度なゲームです。このプログラムの中期では，1列で競い合う遊びに挑戦します。ボール送りやスプーン競争のように，行って帰って，速さだけを競う遊びにします。動き回りたくなる子どもも多いので，自分の場所を示す，ケンステップや足マークを用意しておきましょう。

★6：宿題は，家庭での学習スタイルを作る

　宿題をさせると考えず，次までの作戦タイムとして，親子で楽しく遊んでもらいましょう。プログラムに参加するだけでできるようにはなりません。それが日常生活に取り入れられてこそ発揮できる力になります。その意味で，家庭での支援は重要です。

4 ステップ3の指導の流れ（第7回）

① 今回の目標

・友達や状況に合わせて，ことばや行動を調節して，ゲームやグループ活動ができる。

② 展開

T1:指導者　T2:補助する支援者　C1～C8:対象児　M1～M8:保護者

分	ねらい	方　　法	留意点
10	1．はじめの会に落ち着いて参加できる 自分の頑張りたいことを言う	・当番の子ども（2人組）を決めあいさつ・出席調べ・今日の日付の確認をする。 ・自分で決めた「頑張りたいこと」を順番に言う。	・当番の仕事の手順表を見ながら，2人でさせる。 ・「頑張りたいこと」を，表に書き込んで掲示しておく。
5	2．2人組の好きなじゃんけん手遊びをする	・今までした2人で対戦する手遊びを，みんなの前でやってみせる。	・友達の「よかったところ」を見つけてほめさせる。（★1）
10	3．よく見よう：「間違い探し」ゲーム	・2枚の絵を見比べて，5つの違いを見つけて言うゲームをする。	・見つけても，すぐに言わないで立つ。グループで話し合い，誰がどれを言うか決めて答える。（★2）
10	4．よく聞こう：伝言買い物ゲーム	・グループ対抗で，言われた品物を正しく伝え，最後の子どもがそれを持って帰ってくる。	・伝言は，小さな声で伝えること，早く正確に伝えることに気を付けさせる。（★3）
5	5．みんなでゲーム：ジャンケン汽車	・2人組から負けた子どもが後ろにつながっていくジャンケン汽車をする。	・最初に，遊びのルールを確認する。途中の汽車が切れないように，友達とつながっていく。（★4）
5	6．終わりの会で，今日したことをふり返り，「頑張りたいこと」ができたか言う	・当番が，会を進行する。 ・1人ずつ「頑張りたいこと」で発表したことについて，よかったことを友達に言ってもらう。 ・「頑張った賞」をもらう。	・当番の子どもが，話す手順表を準備しておく。 ・掲示してあるそれぞれの子どものめあてに対して，頑張っていたところを他の子どもが言う。 ・個別の「頑張った賞」を作る。
5	7．帰る用意がスムーズにできる	・自分のファイルや持ち物をカバンに入れ，友達と握手して帰る。	・「頑張った賞」を作って渡す。

③　プログラムのポイント

★1：よかったところ探し

　2人組でする手遊びの総集編になります。はずかしがらずにできた・動きがそろっていた・楽しそうにできた・歌が大きい声で歌えたなど、よいところの具体例を挙げておき、互いのよいところの注目点として、言えるようにしてあげましょう。

★2：間違い探し

　2枚の絵を見比べて、違いを言う時に、「左の絵では、□□□だけど、右の絵では、□□□になっている」という答え方のパターンを示しましょう。そして、それぞれのグループでの話し合いの時に、小さいボードに5点を書いておいて、誰が言うか順番も印しておいてあげると安心して発表できます。

★3：小さい声は難しい

　次の人に聞こえる位の声の大きさというのは、なかなか難しいものです。声の大きさ表を提示し、「今の声は3だよ、2にして」など表を見ながら、声を調節できるようにしましょう。

　グループの子どもの「聞いたことを覚えておけるスパン」を確認し、「リンゴ1個とバナナ2本」など伝言内容のレベルを調節しましょう。

★4：ジャンケン汽車

　園でもよくするジャンケン汽車ですが、まずジャンケンする相手を見つけるタイミングが合わない、歌に合わせてジャンケンできない、負けてつながっているはずなのに手を放してしまうなど、大人数のクラス集団では難しい遊びです。プログラムの中で、少人数で何回も楽しく遊び、子どもにコツをつかませましょう。どこでつまずくか理解し、その前に声をかけて失敗させないようにして、「うまく遊べた体験」になるようにしてあげましょう。

※このプログラムを行うのは、自分や相手の気持ちや状況が話せない、注意集中が続かない、勝ちにこだわるなどの苦手さがある子ども達のグループになります。活動をうまく流すことだけでなく、つまずきを予想して、「こんな時はこうしたらいいね」と予告したり、話し方のモデルを示したり、「ちょっと休憩しよう」と場をいったん離れたりすることはあってよいのです。参観している保護者の記録も「できた」「楽しそうだった」だけでなく、「こういうサポートでできた」「水を飲んだら立ち直れた」など、自分の子どもがどういう風に立ち直るのかを記入してもらううちに、家庭での子どもへの関わり方も変化してきます。活動の流れは決めて、当番の子どもに進行を任せたら、指導者は個々の支援に回るようにしましょう。

コラム

わかることって，おもしろい！
―児童の指導は，自分が気づいた学習方法で

　大人と子どもが1対1の学習指導形態でも，一斉授業と同様に事前の学習準備が重要です。しかし，時間をかけて準備すればするほど，それを「やらせよう」という教師の思いが強くなり，子どもの思いを忘れたり，それが子どもの将来にどうつながるかを見失ってしまったりするリスクが高いと思い知った事例がありました。

　小学校1年生の終わりから不登校になっていた5年生のKくんは，ひらがなはなんとか覚えていましたが，漢字のほとんどは読み書きできず，繰り上がりや繰り下がりのない計算がやっとでした。WISC-Ⅳの検査結果から，能力的には学年の下ぐらいで，知的な遅れはありませんでした。自分から話すことは，ほとんどありませんでしたが，喜怒哀楽を表情に示し，冗談も理解できていました。本人の願いは「漢字を読めるようになりたい」で，一緒に漢字の学習をすることになりました。

　以前の指導では，教師が作成した漢字カードを使い，読み方と書き方を練習した後，家に持ち帰るというスタイルでした。「どんな漢字を覚えたの？」と聞くと，しばらく考え込み，「わかりません」と答えました。家庭での学習環境も厳しく，十分な繰り返し学習ができません。自分からの意思表示が少ないKくんは，ずっと言われるまま，指示されるままの受け身の学習スタイルだったこともあり，学習への動機づけや意欲は感じられない様子でした。将来への自立を考えると，自分の意思表示ができ，自分で計画できることが必要でした。漢字学習は，Kくん自身に覚え方を考えてもらうことにしました。最初は，何分もじっとしていましたが，「1年生のときに，『大』という字は確か手を広げて『大』だった」とポツリとつぶやき，「『太い』は『大にてん』」と言いました。「それをカードにしたら」と提案し，カードを渡すと自分で表に『太い』，裏に「『太い』は『大』にてん」と覚え方を書きました。同様にいくつか自分で考えた漢字カードを作成し，持って帰りました。

　次の指導日，自分から，「テストをしてください」とリクエストしたので，急いで前回作成した漢字カードのテストを作りました。結果は，満点でした。「すごい」とほめると，Kくん自身も，びっくりした笑顔になり，「わかることって，おもしろい！」と言いました。その後も，どんどん自分の覚え方を書いた漢字カードを作成，能動的に覚えていきました。

　学びの原点は，やはり子どもの主体性を大切にすることと感じました。

第3章

小学校　児童の指導
ステップアッププログラム

児童期に見られるつまずきと つまずき気づきチャート

1 国語のつまずき気づきチャート

　実態部分から始めて，「はい」は実線，「いいえ」は点線に進んで下さい。「はい」で2パターンあるところは，その先の項目を見て合う方へ，「いいえ」は，重複を吟味して下さい。

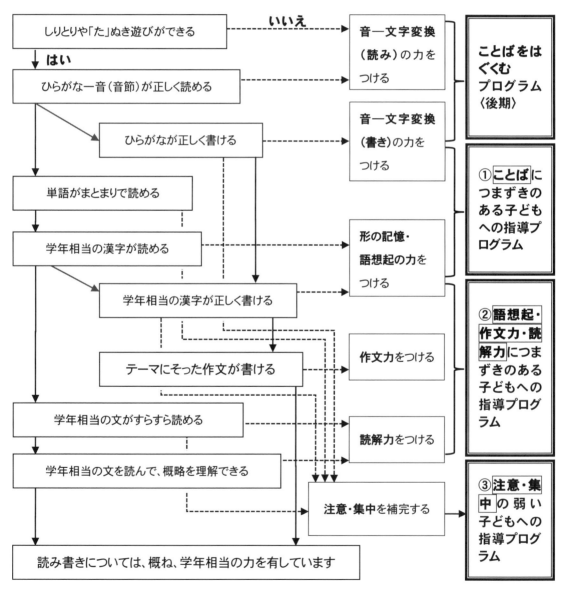

2　算数のつまずき気づきチャート

ここでは，算数の基本となる数処理や数概念の力の育成を基本にしています。

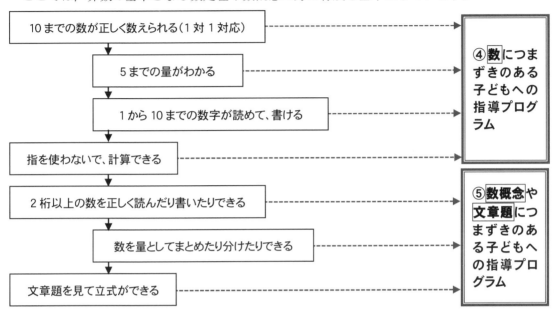

| 10までの数が正しく数えられる（1対1対応） |
| 5までの量がわかる |
| 1から10までの数字が読めて、書ける |
| 指を使わないで、計算できる |
| 2桁以上の数を正しく読んだり書いたりできる |
| 数を量としてまとめたり分けたりできる |
| 文章題を見て立式ができる |

④**数**につまずきのある子どもへの指導プログラム

⑤**数概念**や**文章題**につまずきのある子どもへの指導プログラム

3　支援を必要とする子どものタイプ

①　ことばにつまずきのある子どもへの指導プログラム

文字の習得に時間がかかる，語彙が少ない，短期記憶に弱さがある子どもです。

②　語想起・作文力・読解力につまずきのある子どもへの指導プログラム

ことばを思い出すのに時間がかかる，作文が書けない，文の大筋が理解し難い子どもです。

③　注意・集中の弱い子どもへの指導プログラム

じっとすることが苦手で，不注意からのミスが目立つ子どもです。どの段階においても，このプログラムを必要とする子どもはいます。

④　数につまずきのある子どもへの指導プログラム

1対1対応がズレてしまう子ども，パッと見て多いか少ないかがわからなかったりする子ども，10までの補数が獲得できていなくて指を使って計算をしたりする子どもです。

⑤　数概念や文章題につまずきのある子どもへの指導プログラム

2桁以上の数の読み方や書き方を間違ったり，数のまとまりを理解したり分けたりすることができなかったり，文章題の立式を正しくできなかったりする子どもです。

⑥　社会性につまずきのある子どもへの指導プログラム

つまずきチャートには入っていませんが，社会性の発達で児童期は，仲間関係の形成が重要な時期です。そこに必要な自己理解，他者理解を促す必要のある子どもです。

1 ことばにつまずきのある 子どもへの指導プログラム

1 指導の目標と基本の枠組み

① 指導目標

「新しいことばを覚える方法を見つける」

　自分の得意な覚え方の方法を見つけ，基礎的な概念や語彙，ひらがなの読み書きの定着を図りながら，新出語の学習に活用できるようにする。

② 指導計画

　1回の指導は，45分（今日のめあてと予定：2分，指導：40分，ふり返り：3分）基本は，8回（週1回・約3か月）を目安にし，8回のプログラム展開は，おおよそ次の通りです。

ステップ1	1～3回（3回）

流れや活動を理解：ことばや文字のいろいろな学び方を知る。

ステップ2	4～6回（3回）

活動の発展：ことばや文字の覚え方を意識して使える。

ステップ3	7・8回（2回）

活動の評価：ことばや文字の関連付け方，思い出し方を活用できる。

③ 指導の形態

　指導者と子どもの1対1が基本です。

④ 使用する教材

・活動予定プリント：子ども自身が活動の見通しをもてるように，その日の活動予定を書いたプリントを用意します。プリントの最後に，その日にわかったことを書く欄をつけておきます。

・ひらがなカード：教科書体またはUDフォントで作成したひらがなカードを準備します。

・ひらがな覚え方カード：最初は，上記のカードの裏側を使用します。想起に時間がかかったカードは裏側に△印を，覚えていないカード，覚え間違いをしているカードは，覚え方を裏に書きます。指導の第7回目には，裏側は何も書いていないカードを準備します。

・形クイズ：第3回目までは，○△□を組み合わせた問題を作成します。第4回目からは○△□を組み合わせた問題に縦，横，斜め線を入れた問題にします。第7回目と第8回目は見本

の漢字と，見本の漢字のパーツを用意します。

・日常生活絵カード：「くだもの」「身体の部位」「台所用品」「動物」「文房具」などの絵カード（市販のカードでも可）を用意します。ことば同士の関連がわかるようにします。

・聴覚記憶の問題：出題問題を事前に決めて用意しておきます。子どもの名前語頭編，子どもの好きな食べ物の語頭編など子どもが想起しやすいことばを採用します。後半，覚えることばはランダムにして無意味語も含みますが，その子どもの記憶の容量に合った文字数から始めます。

・話の記憶：４場面ぐらいの物語を用意します。

・連想ゲーム手がかり表：思い出すときの手がかり（仲間，色，形など）を作成しておきます。

・積木：話をつなげるときに使用します。教師と子どもでそれぞれ５個ずつ（計10個）用意しておきましょう。

・ことばのおみくじとことばカード：棒に番号を付けたおみくじと番号に対応する接続詞や比喩表現を書いた絵とことばが一緒になったカードを作成します。

・個人ファイル：毎回のプリントや教材を綴じる個人ファイルも準備しておきましょう。見直すことで，子ども自身フィードバックし，自分なりの覚え方を復習できます。

⑤　場の設定

　指導する部屋は，１対1の個別指導ができる机と椅子２つが置ける広さがあれば十分です。学校と同じ学習机に限る必要はなく，プリントや問題を広げやすい大きさの学習テーブルがお勧めです。

　子どもの登校前や登校後に指導をする場合は，ランドセルや持ち物を置く必要がありますので，荷物置き台かボックス，かごなどを用意しておきます。筆記具は，用意しますが，子どもが自分の筆箱を使いたいという時は，それも認めます。

⑥　プログラム終了時に期待される子どもの姿

　自由会話でのやりとりが続かず，黙っていたり，じっとしていたりした様子から，積極的に話そうとするようになり，「知らない，わからない」から「これは，こういうこと」と自分の知っていることとすり合わせて，類推しようとする姿が見られるようになります。既習のことばに関連付けている証拠です。

2 ステップ1の指導の流れ（第1回）

① 今回の目標

・活動内容と流れを理解する。自分の知っていることばと知らないことばに気づき，いろいろな学び方があることを知る。

② 展開

T：指導者　C：対象児　M：保護者

分	ねらい	方　法	留意点
2	1．活動内容と流れを知る	・Tが提示した本日の課題内容を聞く。	・Cと十分にラポートを築き，Cの願いと目標を確認する。 ・ホワイトボードに予定を提示する。
5	2．活動に取り組む ①お話しよう[★1] ・質問に合わせた答え方ができる	・質問について答える。	・Cが答えやすい内容を質問し，Cなりの答え方を認める。
10	②読めるかな[★2] （ひらがな） ・読めるひらがなを確認する	・ひらがな1文字（濁音，半濁音を含む）のみを書いたカードを裏向けて置き，順番にめくりながら，答える。	・分類する目的を知らせ，「わからない」という回答もOKであることを伝える。
10	③形クイズ[★3]（形の組み合わせ） ・形の覚え方を確かめる	・見本の形を見る。 ・覚える。 ・覚えた形を表現する。	・見本の形を見せた後は，子どもがどのように覚えようとしているか様子を見る。 ・覚えた方法を確認する。
10	④どれだけ覚えていられるかな ・記憶を持続する	・日常生活絵カードの中からTの言うことばを3つ覚える。[★4] ・ジャンケンをする。 ・覚えた3つのことばを言う。	・絵カードのことばを知っているかを確認してから，覚えてほしいことばを言う。
5	⑤連想ゲーム（マジカルクイズ） ・単語を想起し，ことばをつなげる	・ルールを聞いてから，順番を決める。 ・宿題でする回数を決める。[★5]	・最初は，思い出す時間の制限を設けないようにする。思い出すときの手がかり（仲間，色，形など）を掲示しておく。
3	3．今日の学習を伝えよう ・学習したことのまとめをする。	・Cが「わかったこと」をまとめる。 ・Mの前でも同様に伝える。	・Cが「わかったこと」を伝えられたことを認める。 ・Mには，最後までCの説明を聞くように促す。Cがどうやって覚えようとしたかを伝える。

③　プログラムのポイント

★1：お話タイム…他者に伝えようとする姿勢の形成

　自分から話をしない背景には，人と話をするのがはずかしいという気持ちの側面もありますが，話し方がわからない，語彙が少ない，エピソードを思い出せないという認知的な側面も考えられます。「いつのこと，誰が？」と一方的な質問にせず，「あなたのことを知りたいから，教えてね」の気持ちを伝え，子どもの話に一生懸命，耳を傾けるようにします。運動が好きな子どもは，身振り手振りで，絵が好きな子どもは，絵で伝えてもOKです。正しい話し方よりも，伝えようとする自発性を重視します。子どもの好きな分野のことを話題にしましょう。

★2：ひらがな1文字を分類…指導する文字と順番を選別

　読めるひらがなをチェックし，指導する文字を絞ります。A：すぐに読めたカード，B：思い出すのに数秒を要したカード，C：読めなかったカード，D：間違ったカードの4種類に分けます。Aの文字は，指導する必要はなく，CとDをターゲットとします。子どもの知っている物（例えば「よ」は「よる」「よっと」…）の絵を，そのひらがなを覚える手がかりに使います。絵をマークにするか絵文字にするかは，子どもに合わせます。半濁音（ぱ行）と濁音（が行，ざ行，だ行，ば行）が混乱している時は，「濁点」「半濁点」の形に注目させます。「ぱは，はまる」とゴロ合わせをしたり，「シャボン玉がぱっ（同時に指で○を作る）」と視覚化したり，「濁点」は，震える音と触感覚を使用したりと，子どもの得意な覚え方に合わせます。

★3：形の組み合わせ…形の覚え方

　子どもの知っている○△□を組み合わせた簡単な形のカードを示し，覚えてもらいます。そのときに，子どもがぶつぶつと声（△は上で，□が下で…）に出しているか，じっと何度も見ているか，両手を使って形を作っているか，その子どもの覚え方のパターンをチェックします。

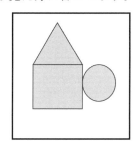

★4：日常生活絵カード…集中して覚え方を身につける

　身近なもののカテゴリー（例えば，「くだもの」「身体の部位」「台所用品」「動物」など）の名称のうち，子どもが覚えていることばを確認します。その中から選んだことば（例えば，「いちごとみかん」）を決め，覚えさせます。妨害刺激になるジャンケンゲームをした後，「さっき覚えたのは何だった」と聞き，「好きなくだもの2つだったから…いちごとみかん」と思い出せたらOKです。生活語彙を増やすことと聞いたことを覚えておくことがねらいです。

★5：マジカルクイズ…遊びで語彙想起の練習

　「マジカルクイズ」は，日常でできる想起練習の遊びです。「マジカルクイズをするよ。例えば，マジカル『いちご』，『いちご』と言えば『甘い』，『甘い』と言えば『…』」と，やり方を説明し，思い出すときの手掛かりに，仲間，色，形などの概念が使えているかに注目します。家庭でも負担にならない回数で練習してきてもらいます。

① **今回の目標**

・自分に合うことばや文字の覚え方を意識して使える。

② **展開**

T：指導者　C：対象児　M：保護者

分	ねらい	方　法	留意点
2	1．活動内容と流れを確認する	・本日の課題内容を確認する。	・課題内容を最初に確認し，見通しをもたせる。ホワイトボードにも予定を札で貼るようにする。
5	2．活動 ①お話しよう ・１週間のトピックを思い出す	・１週間の中でのトピックについて話す。（★1）	・トピックを思い出す手がかりになるように，時間を追って曜日毎にたずねたり，好きな活動があった日のことを話題にしたりする。
10	②読めるかな（特殊音節） ・読める特殊音節を確認する	・つまる音「つ」（促音），小さい「や」「ゆ」「よ」（拗音），長く伸ばす音（長音），長音と拗音（「しょう」などの拗長音）が入ったことばを読む。	・事前に特殊音節をいれたことば（文字）カードを作成する。（★2） ・第１回と同様に分類する目的を伝え，「わからない」もOKとする。 ・Cに合った覚え方を練習する。
10	③形クイズ（形と線の組み合わせ）（★3） ・見本の形を覚えて再生する	・見本の図形を見る。 ・覚える。 ・覚えた図形をかく。	・見本の図形の中で分割された部分（線）をどのように覚えようとしているかを見る。 ・かき終わった後に覚えられなかった箇所の覚え方を一緒に考える。
10	④どれだけ覚えていられるかな ・聴覚記憶の持続	・聞いたことばを覚える。（★4） ・50まで数える。 ・覚えたことばを言う。	・聞いて覚えることばは，Cのワーキングメモリーのスパンに注意して選ぶ。
5	⑤文をつなげよう ・文を想起して，文をつなげる	・例題を聞いて，やり方を理解する。 ・話をつなげる。（★5）	・主語と述語のある文（例：わたしは，朝，卵焼きを食べました）の例を示すようにする。 ・話のたびに，積木を積んで，つながる様子がわかるようにする。
3	3．今日の学習を伝えよう	・Cが「わかったこと」をまとめる。 ・Mの前でも同様に得意な覚え方の説明をする。	・Cが話しやすいように，手掛かりを示す。 ・Mには，「記憶するための得意な方略使用」について説明する。

③　プログラムのポイント

★1：1週間のトピック…順序に沿って話すか，ピンポイントで話すか

　トピックを思い出すときに，時系列に沿って思い出すのが得意な子どももいれば，印象に残っていることを思い出すのが得意な子どももいます。時系列に沿って思い出す子どもの場合は，話を聞き終わってから，「一番楽しかったことは何？」と焦点化して返します。結論を先に話す子どもの場合，「それはいつの話？」などと話の筋を整理します。

★2：特殊音節…動作化，ことば遊び，ルール理解，誤っていることばの分析

　特集音節の読みの誤りが多い子どもは，幼児期に言い誤りの多い子どもです。耳で聞いた音の覚え間違いは，文字を手がかりに修正されます。反対に，書くときのルールが定着し難い子どももいます。「おとうさんは『おとおさん』と書いちゃだめ」と誤りを修正させるのではなく，「どっちが正しい？」と聞き，子どもが自発的に正しい方を選択できるように子ども自身に気づかせます。

　長音がなかなか覚えられなかった子どもが好きな歌にして練習すると，喜んですぐに覚えたこともありました。「しゃ」と「しょ」の読みが混同していた子どもがいました。確認すると，清音の「や」と「よ」があいまいで，前回のフラッシュカードで清音が正しく読めるようになると，拗音の書き間違いもなくなりました。誤りの背景を確認することが大切ですね。

★3：形クイズ…線を意識する

　これまでは，知っている形でしたが，形の中に線が加わることで，形が分割されます。大まかに覚えてから細部を足す（知っている形を覚えてから線を加える）のか，順番に（例えば左側から順に，上から順に）覚えようとするのかを知ることで，漢字学習に活かせます。

★4：聞いたことばを覚える…頭の中のメモ帳作り

　今回からランダムなことばになりますが，聞いたことばを「～と似ている」とイメージ化したり，動作とくっつけたり，語頭のゴロ合わせをしたりとその子どもなりの思い出せる手掛かりが使えるようにすることが重要です。

★5：話をつなげる…積木で視覚化する

　「卵焼きを食べました」の後に「次にみそ汁を飲みました」「後で，わたしは歯を磨きました」などの話が続くときは，積木を積むことで話の時系列で続くイメージを視覚的に示すのです。「犬が走っている。」と全く関係のない話になったときは，積木を崩します。会話をつなぐためによく使われる方法ですが，連想したことを関連付けるためにも使える方法です。積木の面に「次に」「後で」「しかし」「けれども」「ふと」「でも」と接続詞を貼っておくと，そのことばを使って，話が続きやすくなります。

4 ステップ３の指導の流れ（第７回）

① 今回の目標

・自分の得意なことばや文字の関連付け方，思い出し方を意識的に活用できる。

② 展開

T：指導者　C：対象児　M：保護者

分	ねらい	方　　法	留意点
2	1．活動内容の目標を決める	・課題内容に沿って，目標を決める。	・予定の札とホワイトボード用のマジックを用意しておく。 ・課題の横に，目標記入欄を設ける。
5	2．活動 ①お話タイム ・タイトルを決める	・自分が話したことにタイトルをつける。	・Cが一番話したかったことのキーワードをおさえ，キーワードをもとにタイトルを一緒に考える。(★1)
5	②読めるかなタイム（評価）(★2) ・習得を確認する	・読み間違ったカードのみ，覚え方を確認する。	・間違った文字は，作成カードでの覚え方を確かめるように促す。
10	③形クイズ（どの漢字か当てよう）(★3) ・見本の漢字をパーツに分ける	・クイズの漢字（3問）を見る。 ・パーツを見て，漢字を当てる。	・例題で，漢字がパーツに分かれて出てくることを知らせる。 ・部首を組み合わせて出題する。
10	④どれだけ覚えていられるかな ・話を記憶する(★4)	・4場面ぐらいの物語を読んで覚える。 ・読んだ内容を話す。	・場面ごとに挿絵が入った絵本を用意する。 ・話が出てこない時は，子どもに合わせてヒントを出す。
10	⑤ことばをつなげよう ・接続詞や比喩を考える	・箱の中からことばのおみくじを引く。(★5) ・引いた番号のことばカードに合うことばを考えて，発表する。	・接続詞と比喩表現（〜のような，まるで〜だ）のおみくじ番号を入れたくじ引きの箱を用意する。 ・比喩表現は，ヒントを出す。
3	3．今日の学習を伝えよう	・Cが「わかったこと」を伝える。 ・Mの前でも同様に，関連付け方を説明する。	・Cの説明を見守り，Cが求めれば，補足する。 ・Mには，Cなりの学習方略が，今後の学習にどう活用できるかの見通しを伝える。

③ プログラムのポイント

★１：タイトル…話を要約する

この回位になると，子どもは，よく話すようになります。
そこで，「タイトルをつけると，『…』となるのかな」と話の
核心部分のまとめ方を意識させます。タイトルは，単に「犬
と猫の話」にするより「猫にかまれた犬」というふうに話し
たかった内容を盛り込むように一緒に考えます。

★２：評価…習得を確認

最終段階まで間違った読みが残っている場合は，覚え方がその子どもに合っているかをもう
一度分析し直します。定着し難い場合，練習量の不足も考えられますので，家庭で歯磨きの度
にカードを10枚見る，寝る前に５枚見るなど生活の中の短い時間を活用した練習方法を工夫す
るように伝えます。

★３：漢字クイズ…パーツの分解や合成

前回までの学習で，図形の覚え方を自分の方略で身につけています。その方略を活かして，
漢字を分解してみます。「岩は山の下に石がある」とか「木がつく漢字といえば…」と新しい
漢字を覚える時に，知っている漢字の似ている部分を見つけて覚えたり，知っている漢字の部
分と部分を合成して覚えたりすることにつながるでしょう。「木」のことを，部首の名前で
「木へん」と由来も説明すると意味でも覚える子どももいます。

★４：話を記憶…挿絵と文をつなげる

４場面くらいの簡単な物語を扱います。起承転結をトピックで覚える子どももいれば，挿絵
をもとに覚える子どももいるでしょう。例えば，「３匹のやぎのがらがらどん」の話だと，「や
ぎの大きさ」とか，「トロルに言ったことば」などのヒントを出して思い出しやすくすること
ができますね。

★５：ことばカード…接続詞の活用と比喩表現を理解する

前回，学習した接続詞の活用と，「のような」「まる
で」の比喩表現を使った文を考えます。

※保護者への支援

終了の目安は，ことばを関連付けて覚えるための方略
が身についたかどうかです。保護者には，他の子どもと
比べて評価するのではなく，その子どもの覚え方，想起
の仕方に目を向け，その子どもなりの学び方を尊重する
ように伝えます。

2 語想起・作文力・読解力に つまずきのある子どもへの 指導プログラム

1 指導の目標と基本の枠組み

① 指導目標

1．構想メモをもとに作文が書けるようになる。

2．話の概要が読みとれるようになる。

3．既習のことばと関連付けて新しい語の意味を類推できるようになる。

作文では，構想メモ（書くテーマで思いついたことばを関連付けた図）を完成させてから，文を推敲して仕上げる方法を身につけます。文の読解は，わからないことばや漢字があっても，類推して大まかな概要をつかめるようにします。

② 指導計画

1回の指導は，45分（今日のめあてと予定：2分，指導：40分，ふり返り：3分）基本は，8回（週1回・約3か月）を目安にし，8回のプログラム展開は，おおよそ次の通りです。

ステップ1 1～3回（3回）	ステップ2 4～6回（3回）	ステップ3 7・8回（2回）
流れや活動を理解：構想メモをもとに書く。話の概要をつかむためのヒントに気づく。ことばの意味を類推する方法を考える。	活動の発展：文を推敲する。ヒントを利用して話の概要をつかむ。自分の方法でことばの意味を類推し確かめる。	活動の評価：構想メモをもとに書いた文を推敲する。わからないことばの意味を類推しながら文の概要をつかむ。

③ 指導の形態

指導者と子どもの1対1が基本です。

④ 使用する教材

・活動カード（マジックシートで作成）：ホワイトボードに提示します。

・活動予定プリント：その日の活動予定を書いたプリントを用意します。

・お話テーマサイコロ：牛乳パックを利用して作成します。サイコロに貼るテーマは，クリア

ファイルに入っているので，その子どもに合わせて変えていきます。

・構想メモ用白い用紙：白紙のＡ４用紙を用意します。

・（色が異なる）付箋：「気持ち」「いつ」「どこで」「だれが」などを分けて書きます。

・５Ｗ１Ｈ掲示用と各自用のカード：５Ｗ（だれが，いつ，どこで，なにを，なぜ）１Ｈ（どのように）の掲示用と各自用のカードを用意します。

・作文用紙（200字用と400字用）：最初は，量に圧倒されないように，文字の少ない200字用の作文用紙を使用します。子どもからのリクエストに応じられるように，400字用も準備しておきます。その子どもの書きやすさを考えて，マス目の大きさを拡大したものを用意します。

・学年の国語の教科書：長文の読解で使用します。

・国語の各単元の挿絵：挿絵を写して用意します。

・ピックアップしたことばや熟語を書く用紙：教科書の何頁，何行目にあったどんなことば・熟語なのかをリストアップするプリントを準備します。

・当該学年よりも上の教科書や児童書：第7回目以降に使用します。

・個人ファイル：「第3章1　ことばにつまずきのある子どもへの指導プログラム」と同様に，ここにプリントや教材をファイルさせます。事前に担任の先生からの了解が得られた場合は，担任の先生からのコメントをもらうようにします。

*クリアファイルを貼る

⑤　場の設定

「第3章1　ことばにつまずきのある子どもへの指導プログラム」と同様です。

⑥　プログラム終了時に期待される子どもの姿

　1，2行しか書けなかった作文は，構想図をもとに，簡単な内容が書けるようになっています。長文読解では，通読して，概略がつかめるようになっています。長文の中に出てきたわからないことばや漢字は，知っている漢字から手掛かりを想起し，「『かない』は『家内』と書くのか，家の中にいる人だから，『奥さん』のこと」のように意味を類推できるようになっています。

2　ステップ１の指導の流れ（第１回）

① 今回の目標

・活動の流れや，各活動を理解する。構想メモをもとに文を書く。挿絵をヒントに話の概略をつかむ練習をする。

② 展開

T：指導者　C：対象児　M：保護者

分	ねらい	方　法	留意点
2	1．活動内容と流れを知る	・Tが提示した本日の課題内容を聞く。	・Cと十分にラポートを築き，Cの願いと目標を確認する。 ・ホワイトボードに予定を明記する。
5	2．活動 ①お話タイム ・テーマを決める	・「お話テーマサイコロ」を転がして話のテーマを決める。(★1)	・Cの身近なテーマにする。Tが話を広げるように質問をする。
15	②話を絵やことばで表そう（構想メモ） ・構想メモをもとに，文を書く	・Cの話をもとに構想メモを作成する。(★2) ・構想メモを見ながら，文を書く。	・作文の題名は，「お話テーマサイコロ」の題名にするように伝える。 ・構想図に追加があれば，書き加えるように促す。
15	③話を読み取ろう ・挿絵を手がかりに全体をつかむ	・挿絵を順に見た後，登場人物や繰り返し出てくることばに注意しながら読む。	・挿絵をもとに，話の全体像をイメージさせる。(★3)
5	④ことばや熟語の意味を考えよう ・類推の手がかりを知る	・わからなかったことばや漢字の熟語をピックアップする。	・ことばや熟語の意味を類推できるようなヒントを出す。(★4) 答えた後に，国語辞典，漢字辞典，iPad で正解を見せる。
3	3．今日の学習を伝えよう	・Cが「本日したこと」「わかったこと」を話す。 ・Mの前でも同様に話す。	・Cの「わかったこと」を伝える方法を尊重する。 ・Mには，最後までCの説明を聞くように促す。Cの伝えたいことを補足する。

③ プログラムのポイント

★1：お話テーマサイコロ…子どもが話しやすい内容をテーマにする

　他者に伝えようとする姿勢は形成（第3章1ステップ1参照）されていることが前提です。お話テーマサイコロの「テーマ」は，「好きなスポーツ」「好きな食べ物」「わたしの（ぼくの）家族」「よく行くお店」「いつも見るテレビ番組」など子どもにとって，身近なものにします。子どものよく知っている「テーマ」を取り上げ，話が広がることをねらっています。

★2：構想メモ…テーマとの関連を図式化（絵やことばでつなぐ）

　通常の学級での作文指導の方法としては，子どもに取材をさせ，取材メモをもとに書くことが行われています。体験したことを思い出せない時には，活動の写真を時系列に並べ，順序に沿って書く方法があります。語彙力が少なく，表現することばのバリエーションが乏しいときは，1行や2行で終わってしまったり，同じ言葉を何度も繰り返したりします。また，テーマに関して何に着目したらよいかがわからず，話が広がり難いということがあります。

　構想メモは，テーマに関連した思いつき（着想）を簡潔なことばや絵で表現します。例えば，好きなスポーツを選んだとしま

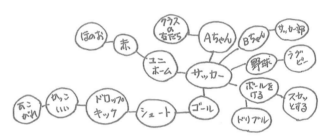

す。好きなスポーツというテーマから具体的なスポーツの名前（例えばサッカー）が出てきたら，好きなスポーツ「サッカー」と書きます。「好きになっ

たきっかけは」「どんなことがおもしろい」「自分は，どうする」などの理由や連想したことを，また線でつなぐ…というようにすれば，話の流れをもとにした関連図ができあがります。

★3：話の全体をつかむ…正しく読むことにこだわらず，挿絵をヒントに想像させる。

　語彙力が乏しい場合，いきなり本読みをさせると，知らないことばでつっかえてしまい先に読み進めるのが難しくなります。読む前に挿絵を順に見ておいたり，「『かさこじぞう』って，よく出てくるね」など繰り返すことばに注目したり，知らないことばを「まとまり」として捉えられるように丸で囲んでおくと，全体像がつかみやすくなります。

★4：ことばや漢字の熟語の意味を類推…手掛かりを知る

　知らないことばは，「文の前後から考えてみよう」と文の前後を手掛かりにしたり，「今までに習った中で似たようなことば」を思い出させたりします。漢字の熟語が読める時は，「訓読み」で漢字1文字ずつを分けて考えさせます。読めない漢字のときは，既習漢字をもとに考えさせます。最初から，知らないことばを，辞典などで1つ1つ調べると時間がかかり，調べているうちに，元の話がわからなくなります。辞典などは，ある程度「こうかな」とつかませた上で，類推した意味が合っているのかを確認するために使うようにします。

3 ステップ2の指導の流れ（第4回）

① 今回の目標

・文を推敲する。ヒントを利用して話の概略をつかむ。自分のやり方で，ことばの意味を類推して確かめる。

② 展開

T：指導者　C：対象児　M：保護者

分	ねらい	方　　法	留意点
2	1．活動内容と流れを確認する	・本日の課題内容を確認する。	・課題内容を最初に確認し，見通しをもたせる。ホワイトボードにも予定を札で貼るようにする。
5	2．活動 ①お話タイム ・学校での出来事を思い出す	・学校であったことで覚えていることを思いつくままに話す。 ・付箋で話の内容を分類する。	・話の内容を，5W1H，気持ちに分けられるように，付箋を貼って確かめる。
15	②たし算ひき算作文（推敲する） （★1） ・作文を練り直す	・例題の短文の話を見る。 ・文をわかりやすくするため，ことばや文を付け加えたり，ことばを削ったりする。	・Cの意見や考えを取り入れる。 ・例題の短文に付け足すところや削るところをたずねる。 ・接続詞（だから，そのため，しかし，けれども）が使えているか，主語述語が合っているかなどの見直しを提案する。
15	③文を読み取ろう。 ・5W1Hなどに注目して主旨をつかむ（★2）	・ヒント（挿絵・1頁に何回も出てくるもの）に注目して，黙読する。 ・黙読後，覚えていることをTに話す。	・5W1Hカードを掲示しておく。 ・説明でだれが，いつ，どうしたかが抜けているときは，質問をして確かめる。
5	④熟語の意味を考えよう ・類推の妥当性を確かめる	・文の中の熟語の意味を類推し，意味を確かめる。	・ことばや熟語の意味を類推するように伝え，答えた後に，国語辞典，漢字辞典，iPad を渡して正解を確認するように促す。（★3）
3	3．今日の学習を伝えよう	・「わかったこと」を書く。 ・Cが「本日したこと」「わかったこと」を伝える ・Mの前でも同様に話の概略をつかむためのポイントを説明する。	・Cが5W1Hカードを使用できるように，掲示したままにしておく。 ・Mには，Cの説明を復唱してもらい，Cにフィードバックする。

③　プログラムのポイント

★1：たし算ひき算作文…推敲する力をつける

　構想メモを基に書けるようになれば，次の段階として，作文を読み直し，相手に伝わるように練り直してよりよく仕上げる力（推敲する力）をつけます。いきなり，子どもに自分の作文の読み直しをさせても，推敲はできません。どんな視点で考えればいいのかがわからないからです。例題で考える練習をします。学校へ行きました。体育がありました。楽しかったです。という例題を読んで，「ぼくも体育が好きで，サッカーが好き。ボールをけったら，スカッとする。」との意見が出たら，作文に加えます。「学校へ行きました。体育がありました。好きなサッカーでした。ボールをけると，気持ちがスカッとして，楽しかったです。」と加えることで，内容が広がります。「楽しかった」ばかり書く子どもも，学校へ行きました。体育がありました。楽しかったです。とても楽しかったです。という例題を見て「『楽しかった』は２回も言わなくていい」と同じことばの繰り返しに意味がないと気づきました。その後，自分の作文で「楽しかった」の２回目を削除したり，「わくわくしました」「うれしかったです」と違うことばに置き換えたりできるようになりました。第４回から第６回の指導では，文と文が正しい接続詞でつながっているか，主語と述語が合っているか，自分が感じたことや思ったことが入っているかなどの視点を子どもに気づかせます。

　文やことばをたしたり，言い換えたり，いらないことばをなくしたりするので，子どもには「たし算ひき算作文」と伝えます。

★2：通読から精読へ…本題が外れないように読み直す

　前回まで，わからない単語やことばがあっても，止まらずに読み進め，話の概略をつかむ練習をしました。子どもが，大まかな内容が読み取れていることをほめましょう。次は，話の骨組みを確認していきます。中心人物に着目して，５Ｗ（だれが，いつ，どこで，なにを，なぜ）１Ｈ（どのように）のカードを手掛かりに，読むようにします。こうすることで，本題から外れずに話の細部を読み取れるようになります。

★3：類推結果を自分で確認…正しい類推方法を強化し，ＩＣＴを有効に活用する

　前述（ステップ１★４）したように，自分で考えた結果が正しかったかどうかをすぐに確認すれば，正しかった場合は，正しい類推方法の強化になります。間違っている場合，修正につながります。子どもが類推で誤った理由をふり返り，次の機会に活かそうとする姿勢は，学習を進めていく上で，とても重要です。辞典を引かされるのではなく，自分で調べてみようという気持ちにもっていくのがポイントです。指先の不器用な子どもは，辞典で調べるのにページが上手にめくれず時間がかかります。iPadやパソコンを使って調べる方が負担が少なく，効率的です。ＩＣＴ機器は，子どもが活用できない段階で安易に渡すのではなく，まずは指導の中でやってみて，子どもから「これ，使いやすい」と要求してきた時に，家庭でも準備するという手順を外してはいけません。

4 ステップ3の指導の流れ（第7回）

① 今回の目標

・構想メモを活用したり，文を推敲したりして自力で作文を書き上げる。わからないことば
の意味を類推して話の概略をつかむ。

② 展開

T：指導者　C：対象児　M：保護者

分	ねらい	方　法	留意点
2	1．活動内容の方法を確認する	・課題内容に沿って，これまでに身につけた学習方法を確認する。	・構想メモや文の読み取りに大切だったことを一緒に確認する。
5	2．活動 ①お話タイム ・結論の後に，理由を説明できるようになる	・「○○について話します」と話の結論を先に話す。(★1) 後は，キーワード（理由は，なぜなら，実は）で説明する。	・話し方の方法やキーワードを掲示しておく。
15	②話を絵やことばで表そう ・構想メモをみて作文を書き，推敲して仕上げる	・自分でテーマを決めて，構想メモを書く。 ・構想メモを見ながら，作文を書く。推敲して作文を仕上げる。	・Cが自ら開始するのを待ち，その後もCの様子を見守る。(★2) ・構想メモを作成し，推敲して仕上げたことをほめる。
15	③話を読み取ろう ・読み取る方法を活用する	・自分で決めた単元の話を読んで概略を話す。	・当該学年よりも上の学年の教科書や児童書を準備しておく。(★3)
5	④類推したことばや熟語を発表しよう ・方略使用の確認	・文中のわからなかったことばや熟語について，類推した方法を確認する。	・自分の方法を身につけていることをほめる。(★4)
3	3．今日の学習を伝えよう	・新しく発見したことを中心に「わかったこと」をまとめる。 ・Mの前で，完成した作文を読む。	・MにCの作文の感想を伝えてもらう。 ・Mには，Cのことばの類推方法が他の教科の新出語でも使えることを伝える。

③　プログラムのポイント

★１：結論を先に…全体から部分へ

　他者に話を伝える方法として，順番に話を進めて最後に結論を言う方法（ナンバリング法）と，結論を先に述べてから，その理由を話していく方法（PREP法）があります。ナンバリング法では，キーワード「まず」「次に」「最後に」に注意を向けることが大切です。PREP法では，結論となる「感想・意見」を述べ，その後「理由」が言えればOKです。

★２：子どもが主役…支援のフェードアウト

　第６回までの学習で，学習方法を理解し，自分で使えるようになってきています。支援は徐々に減らし，最終的にはフェードアウトすることで，子どもが自分で「できた」という自信につながります。時間がかかっても，子どもが集中して取り組んでいる間は，あせらせずに待ちます。最後までやり遂げた時に，「１人で完成できたね」と一緒に喜びましょう。

★３：当該学年よりも上…自己効力感を育てる（ハードルは少し高く）

　「話を読み取ろう」で，当該学年よりも上の学年の教科書や本を使用する意味は，これまでに身につけたわからないことばや漢字を類推し，話を読み進め，全体をつかむ力を試すためです。「上の学年の学習だから，できなくて当たり前だけど，挑戦してみる」と誘い，用意した中から，自分で選択するように伝えます。これまでの学習方法を活かして全体の概略を読み取ろうとするでしょう。できなくて当たり前と思う課題に挑戦して，「できた」という経験は，大きな自信となり，自己効力感の芽生えにつながります。

★４：得意な方略の使用…長所活用型学習

　子ども自身がわからなかったことばや熟語でも，今までの方略を利用し，だいたいの意味を説明できるようになります。その上で，「なるほど，そう考えたのか」とプロセスを十分認めてあげましょう。類推した理由をことばで説明できるようになっていれば，自分なりの得意な理解の仕方が身についてきた証拠です。

※保護者への支援

　作文の終了の目安は，枚数ではなく，テーマに沿った内容を自力で書けるようになっていることです。長文読解では，話の概略が理解できるようになっているかを評価します。保護者には，「このことばは，こういうことかな」と考えて自分で確かめるという学習スタイルを子どもが身につけていることを伝えます。

3 数につまずきのある子どもへの指導プログラム

1 指導の目標と基本の枠組み

① 指導目標

「数詞，数字，具体物の対応関係を習得し，簡単な計算ができるようになる」

　数を扱った具体的な活動を通して，数詞（言い方）と数字（書き方），数字と具体物，数詞と具体物の結びつきをイメージできるようになる。また，指を使った遊びやカードゲームを通じて，5の補数や10の補数を理解し，10までの計算を正しくできるようになる。

② 指導計画

　1回の指導は，45分（活動内容や目標の確認：2分，指導：40分，まとめ：3分）。基本は，8回（週1回・約3か月）を目安にし，8回のプログラム展開は，次の通りです。

ステップ1	1〜3回（3回）	ステップ2	4〜6回（3回）	ステップ3	7・8回（2回）

流れや活動を理解：数の三項関係を理解する。5までの数を使って，数のイメージをつける。

自発的に選択：数の三項関係を習得する。10までの数で，数の大小，補数が理解できる。

活動の評価：数の三項関係を活用する。10までの計算がスムーズにできる。

③ 指導の形態

　指導者と子どもの1対1が基本です。（保護者が協力可能であれば，ステップ2から保護者にも時々参加してもらう）

④ 使用する教材

・ホワイトボード：スケジュールを貼ったり，ドットの代わりに，カラーマグネットを貼って覚えたりする時に使います。

・数をかいたカード：カードは，現在身についている数をベースラインに，子どもの学年や年齢，興味関心に合わせて作成します。全部手作りする必要はなく，100円ショップで，数種類のカードを購入し子どもに合うカードのみを選んで使用することも可能でしょう。

・すごろくゲーム：市販のものは
スタートからゴールが長くルール
も複雑すぎます。スタートと
ゴールの絵や文字をかいて，そ
の間に10くらいの○をつないだ
簡単なものを作りましょう。

・すごろく用5までサイコロ：1
から6にしないで5までの数で

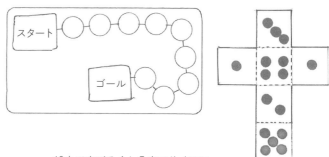

10まですごろくと5までサイコロ

数字以外（ドットのシールや具体物の絵）を表した手作りサイコロを用意します。

・トランプ：数字を扱うゲームとしては，トランプが有効です。数字を読み間違える場合，背
景がシンプルで数字が大きく書いてあるものを選びましょう。

・プリント教材：市販のプリント教材を活用してもかまいませんが，プリントをさせることが
活動のメインとならないように気を付けたいです。そのためにも，評価はプリントが「でき
た」「できなかった」ではなく，どの過程まで理解が進んでいるか，どんな学習方略が使え
るようになってきているか，プリントに取り組む子どものやり方に注目し，習熟度を評価す
ることが必要です。

・5や10の補数プリント：いろんな市販のプリントがありますが，補数のプリントは，簡単に
作成することができます。（資料 p.125，126）

・個人ファイル：毎回のプリントや使用した教材が，子ども自身でフィードバックする手がか
りになります。それらを綴じるための個人ファイルも準備しておきましょう。

⑤　場の設定

　「第3章1　ことばにつまずきのある子どもへの指導プログラム」と同様です。

⑥　プログラム終了時に期待される子どもの姿

　数とことば，数と量をイメージできるようになったことで，正しく数が数えられたり，「3
個ちょうだい」と言われた時に，数えずに，数を固まりとして渡すことができたりと，生活の
中での数や量に般化していることでしょう。このプログラムは，このような「数の自動化」を
ねらっています。また，指を1本ずつ使いながら計算していたときよりも，指をまとめて使用
したり，頭の中で計算したりできるようになり，繰り上がり繰り下がりの計算もスムーズにな
っていることでしょう。

① 今回の目標

・活動の流れや，各活動を理解する。５までの数を使って，数のイメージができる。

② 展開

T：指導者　C：対象児　M：保護者

分	ねらい	方　　法	留意点
2	1．活動内容と流れを知る	・Tが提示した本日の課題内容を聞く。	・Cと十分にラポートを築き，Cの願いと目標を確認する ・予定を書いたプリントを用意するだけでなく，ホワイトボードにも予定を明記する。
10	2．数に関する活動 ①数を言おう！ ・５までの数（具体物，半具体物，数字）を言う	・５までの数を書いたカードを見て，即時に答える。(★1)	・カードを出す順番はランダムにするが，最初は確実に言えるカードから始める。
5	②どっちが大きい？多い？ ・５までの数の比較をする	・上記で用いたカードを使用し，Tとカードを出し合う。	・１から５の数字の比較時は「大きい」，物の比較時は「多い」を使用する。(★2)
10	③すごろくゲーム ・５までを数える	・手作りサイコロを使ってすごろくをする。	・子どもの理解に合ったサイコロと「10までのすごろく」を準備する。(★3)
5	④５合わせばばぬき ・５になる組合せを見つける	・１〜５までのトランプカードとばばのカードを使ってのばばぬきをする。	・最初は，５になる組合せ一覧表を用意して，Cが見える場所に置いておく。(★4)
10	⑤数を分けよう！くっつけよう！ ・５の補数を理解する	・指を使って，「５になるクイズ」「言った数ゲーム」をする。(★5)	・Cに指が５本あることを確認してから始める。
3	3．まとめ	・Cが「わかったこと」をまとめる。 ・Mと一緒に「５合わせばばぬき」をする。	・Mに活動のねらいを伝える。 ・「５合わせばばぬき」を次回までの宿題とする。

③ **プログラムのポイント**

★1：数を言おう！…数字と数詞と数量の理解・数の即時把握

　どの数までが瞬時に見て，答えることができるかを最初に把握しておきます。5までの場合は，「1から5」が答えられるのを目標にします。5まで獲得後，10までを目標にします。カードは，具体物（くだものや動物など），半具体物（ドット），数字の3種類を用意し，どの種類でもスムーズに答えられることが大切です。指を使って数えるという方略しか使えない場合は，数の量が身についていないと考えられます。半具体物のカードを見て即時に数が答えられるようになれば，数量の理解が身についたと評価できます。

★2：どっちが大きい？多い？…数の比較と量のイメージ

　数の大きい，小さいがわからないときに，手がかりとなるお助けグッズを用意しておきます。例えば，1から5の数字と半具体物を1対1対応した図（図1参照）や量的なイメージであらわした図（図2参照）を子どもの見える場所に置いておきましょう。具体物を比較するときは，「どっちが多い」と聞いた方が答えやすいでしょう。

★3：すごろくゲーム…5までの数の数詞・数字・具体物の対応

　サイコロの出た目を声に出して言う，出た目の数だけ進むという操作は，数と計数の対応関係を結びつけやすい活動です。この活動で使用するサイコロは，子どもが理解している数より1大きい数（2までの理解なら1から3）の目をドットで作成することが重要です。

★4：5合わせばばぬき…5の分解や合成

　5までの数の合成を練習する遊びとして，1から5までのトランプ20枚とジョーカー（ばば）の1枚を使用したばばぬきがあります。5の組み合わせ（1と4，2と3，5は1枚で出せる）を書いた一覧表とルールを明記した表を用意します。最後にジョーカー（ばば）が残った方が負けです。ゲームを通して，5になる組み合わせを覚えることがねらいです。

★5：数を分けよう！くっつけよう！…5（10）の補数・数の自動化

　指を使った遊びを通して，5の補数（あるいは10の補数）を瞬時に頭の中でイメージできること，すなわち自動化に至ることをねらっています。

3 ステップ2の指導の流れ（第4回）

① 今回の目標

・数の三項関係を習得する。10までの数で，数の大小，補数が理解できる。

② 展開

T：指導者　C：対象児　M：保護者

分	ねらい	方　法	留意点
2	1．活動の順番を決める。	・これまでの①から⑤の活動の札を受け取り，順番を考える。(★1)	・Cが自分で選択しやすいように，ホワイトボードに①から⑤の数字を書き，その横に活動の札を貼れるようにしておく。
5	2．数に関する活動 ①数を言おう！	・10（具体物と半具体物は5までのまとまりがわかるように工夫）までの数を書いたカードを見て，即時に答える。	・「数を言おう！」では，具体物カード，半具体物カード，数カードと分けて1回，ランダムにして1回の計2回行い，習熟度を評価する。(★2)
5	②どっちが大きい？多い？	・上記で用いたカードを使用し，Tとカードを出し合う。	Cが活動の選択で精一杯の時は，これまで通りの1回にし，5回目以降に2回行うようにする。
10	③すごろくゲーム	・手作りサイコロを使ってすごろくをする。	・「すごろくゲーム」「数を分けよう！くっつけよう！」の活動で，5をクリアしている場合は，10に挑戦することを提案してみる。
10	④10合わせばば抜き	・1から10までのトランプカードとばばのカードを使って10合わせばばぬきをする。	
5	⑤数を分けよう！くっつけよう！ ※①②③④⑤はCが決めた順番で行う。 ※各活動のねらいは数を10にして，ステップ1と同じ	・指を使って(★3)，「10になるクイズ」「言った数ゲーム」をする。	・「すごろくゲーム」では5をクリアしているようであれば，6までのサイコロを使用する。 ・「数を分けよう！くっつけよう！」の時は，5の固まりは片手（5）を出した後に残りの指を見せて（6であれば，片手と1本），5を意識づける。
5	⑥計算問題にチャレンジ	・補数を入れるプリント(★5)に挑戦する。	・補数を忘れて「合わせばば抜き」での補数一覧表を要求した時は，「見ればできるね」と認めて渡すようにする。(★4)
3	3．まとめ	・数に関する活動のうち，Cが選んだ活動をMに見せる。	・Cの行っている活動の意味をMに伝える。

③　プログラムのポイント

★1：活動の順番を考える…自己選択が自己決定の始まり

　数に関する活動①〜⑤の内容は，バージョンアップしますが，やり方は8回とも同じです。そこで，活動内容の順番は子どもに主導権をもたせて，「どれからする」と聞くようにします。自分で選択し，満足できる体験が自己肯定感へとつながっていきます。自己選択する機会を低学年のときから，積み重ねていきたいですね。

★2：習熟度の評価…「できる」成功体験を

　第1回の活動時に比べて数に関して答える時間が速くなっていたり，活動に使用するカードの枚数が10枚から20枚になっていたりと子どもなりに「できた」を実感する時期でもあります。反対に「できていなくて，悔しい」と思えるのも「できる」ことに欲が出てきている証拠でしょう。子どもと一緒に「できた」という，成功体験を意欲に活用しましょう。間違ったカードの共通点（例えば半具体物，7と8のカードの混同）も見つけておきましょう。

★3：指を使った数遊び…身体感覚での数と遊びを楽しむ

　現在のようにゲームソフトや携帯電話がなかった時代は，「数の遊び」は身近にある物を使用するしかありませんでした。現在の遊びがデジタルなら，身体を使う遊びは，アナログです。アナログの遊びの強みは，いつでもどこでもだれとでもできる最強の「数の遊び」です。教えようでは，遊びは楽しくありません。一緒に楽しむことが大切です。

★4：補助具があれば「できる」…「教える」ではなく「気づくこと」を共に喜ぶ

　数とことば，数と量の関係は，幼児期に自然に身につくものなので，つい「3はさんと読むよ」「3はこれが3つ分の意味だよ」と，説明したい，教えたいという思いに駆られるかもしれません。でも，数の苦手さをもつ子どもにとっては，大切な学び直しの時期です。一方的に教えられることは，自分で「気づいて学ぶ」力にはなりません。子どもが自ら「気づける」ように，活動を設定することが重要です。補数一覧表は，そのための補助具です。市販されている「へびさんシート」などもその1つです。子どもの使いやすい物を用意しておきましょう。

★5：補数プリント…計算の自動化につなげるための練習

　5や10の補数の組み合わせを評価するためのプリントです。（資料 p.125，126）

① **今回の目標**

・数の三項関係を活用する。10までの計算がスムーズにできる。

② **展開**

T：指導者　C：対象児　M：保護者

分	ねらい	方　　法	留意点
2	1．活動の順番と目標を決める。	・活動の札を使って，自分で順番を決め，各活動の目標を立てる。	・活動の札は見える所に貼っておく。 ・Tは指示をしないで，Cの様子を見守る。
5	2．数に関する活動 ①数を言おう！	・数を書いたカードをすべて混ぜるか分けるかのどちらかを選択する。 ・目標を確認する。行う回数を決めてから活動を行う。	・「数を言おう！」では，具体物カード，半具体物カード，数カードと分けるか，ランダムにして行うかの選択と何回するかの選択を促す。^(★1)
5	②どっちが大きい？多い？	・上記で用いたカードを使用し，Tとカードを出し合う。	
10	③すごろくゲーム	・サイコロを使ってすごろくをする。	・「すごろくゲーム」では，使用するサイコロを選択できるように複数のサイコロを使用する。
10 5	④10合わせばば抜き ⑤数を分けよう！くっつけよう！ ※①②③④⑤はCが決めた順番で行う	・指を使って，「5になるクイズ」「言った数ゲーム」をする。	・「数を分けよう！くっつけよう！」の活動で，5が量^(★2)として意識できるように片手を5の量として出すように促す。
5	⑥計算問題にチャレンジ	・計算プリントを選んで解く。	・「1から5までの数のたし算」「1から10までのたし算」「1から5までの数のひき算」「1から10までのひき算」の4種類で5問と10問のプリント^(★3)を用意する。
3	3．まとめ	・Mの前で，計算プリントの中からテスト問題をやって見せる。	・Mにタイムを測ってもらい，「速い」ではなく，Cの「10秒でできる」という予想通りだったことをほめてもらう。

③　プログラムのポイント

★1：「数を言おう！」ランダムカード…数処理の自動化の基礎

　数字の「3」を見て，すぐに「さん」と答えるだけでなく，具体物や半具体物でも「さん」と答えられるようになると，具体物や半具体物が数というシンボルに結びついたといえます。具体物の種類や大きさが異なっても，「3」は「3」であることと結びついていることで数の判断が可能となるのです。頭の中で，具体物の数が半具体物としたドットのような物に変換され，ドットに対応した数につながると考えられています。ランダムカードが瞬時に答えられるようになっていることは，自動的にこの作業が行われていることになります。数を処理するための自動化の基礎となります。

★2：片手で5，両手で10…基数量の10がわからないときは，5の基数量の理解

　「数を言おう！」に関連しますが，繰り上がりのあるたし算や繰り下がりのあるひき算では，10の合成や分解が頭の中でできること（念頭操作）が暗算につながります。しかし，10の合成や分解でつまずいている時は，まず5までの合成や分解を理解しているかを見ることが大切です。同様に，指を使用している時に，1本ずつ指を折って数えていると，なかなか暗算に至りません。かといって，指を折ることを止めさせると，計算ができなくなります。5が片手の指の数であることがイメージできるようにして，まずは5の基数量を確実にすることが，遠回りのように見えても大切なのです。

★3：計算プリント…数処理を活用した計算練習

　プリントを使用するのは，身についた数処理を活用することを目的としています。そのため，たくさんの問題数は必要ありません。Cの実態に合いそうなプリントを準備し，その中から選べるように設定しましょう。プリントに取りかかる前に，予想時間を記入します。実施後，かかった時間を記入します。予想時間とかかった時間がほぼ一致することが重要です。自分の計算力を把握する自己認知の育成をねらいます。（資料 p.128，129）

※保護者への支援

　終了の目安としては，数の三項関係が身についていて，10までの補数が獲得できていることです。また，10までの数を扱った計算は，正しくできるようになっていることです。保護者には，計算練習を繰り返すことを勧めるのではなく，生活の中での「○○を3個持ってきて」の体験や指を使った遊びを勧めるようにしましょう。

4 数概念（序数や基数）や文章題につまずきのある子どもへの指導プログラム

1 指導の目標と基本の枠組み

① 指導目標

「数の序数性と基数性を理解し，文章題が解けるようになる」

　数概念には，「前から○番目」という順番を表す序数性と「○個，△人」という量を表す基数性という2面性があります。序数性に弱さがあると，位取りや2桁以上の読み方を間違ったりします。基数性に弱さがあると，およその数や量の見当を立てられなかったりします。このプログラムでは，数字の配置の順番やおよその数や量の見当をつけられるようにします。

　また，算数の文章題のつまずきの要因として，問題文を読んで場面と数を結びつけられず，式を立てられないことがあげられます。そこで，文章題を絵や図で表現して考え，立式できるようになることを目指します。

② 指導計画

　1回の指導は，45分（活動内容や目標の確認：2分，指導：40分，まとめ：3分）。基本は，8回（週1回・約3か月）を目安にし，8回のプログラム展開は，次の通りです。

ステップ1 1～3回（3回）	ステップ2 4～6回（3回）	ステップ3 7・8回（2回）
流れや活動を理解：数字の順番や全体量を考える。1枚の絵を見て，文章題を考える。	活動の発展：位取りのきまりを理解する。2枚の絵から，文章題を考え，立式する。	活動の評価：基準量から全体量がわかる。文章題を絵にかいてから，立式する。

③ 指導の形態

　指導者と子どもの1対1が基本です。

④ 使用する教材

・ホワイトボード：予定を自由に動かしたり，カラーマグネットで数を表したり，文章に合う絵をかいたり，消したりが自由にできるツールとして使用します。

・「いくつ分になるかな？」用教材：絵本，教科書，長方形消しゴム，１リットルペットボトル，200ml 牛乳パック，正方形積木。

・「いくつ分になるかな？シルエットクイズ」用教材：シルエット（新幹線・パトカー）とシルエットの長さを表した棒，基準量となる長方形，面積の基準となる正方形。

・「シールが何枚？」用ワークシート：下記のシールを用いて，基準量から全体量を予測する課題（「シールが何枚？」）のためのワークシート（ステップ３第７回参照）を作成して準備します。

・シール（正方形）：量を視覚化するために使用します。１辺の長さが短いと不器用な子どもの場合，うまくはがすことができず，課題への意欲が低下します。大きさが異なる３種類（５㎜・７㎜・１㎝）のシールを多く用意します。

・１から50までの数の一覧表：横に１から10まで，縦に一の位と同じ数字（例：１，11，21，31，41）が揃っている表（右参照）です。

1	2	3	4	5	6	7	8	9	10
11	12	13	14	15	16	17	18	19	20
21	22	23	24	25	26	27	28	29	30
31	32	33	34	35	36	37	38	39	40
41	42	43	44	45	46	47	48	49	50

【１から50までの数の一覧表】

・２色のおはじき（５個ずつ）：位取りの学習に使用します。指ではじいて使用しますので，マグネットのついてない物を用意します。

・おはじきカーリング用ボード：机上で扱えるサイズのホワイトボードやノート黒板が適しています。

・トランプ：ゲームを通じて数の順序を学習するために使用します。数字を読み間違えたり見間違えたりしないように，数字が大きく書いてあるカードがよいでしょう。

・文章問題：絵と問題を作成します。

・文章問題整理プリント「おはなしをよんで，かんがえよう！」（資料 p.127）：絵や図や式を書いてまとめるプリントです。

・個人ファイル：毎回のプリントや教材を綴じます。毎回のプリントや使用した教材を見て，子ども自身が成果を確認できるためのものです。

⑤　場の設定

　「第３章１　ことばにつまずきのある子どもへの指導プログラム」と同様です。

⑥　プログラム終了時に期待される子どもの姿

　２桁以上の数の順序がわからなくて読み間違えること（例えば31を「じゅうさん」）はなくなり，何番目といくつの違いも理解して，答えられるようになっていることでしょう。

　文章題を読んだ後に，ことばと数がつながり，自分なりの方法で立式ができるようになっていることが期待できます。

2 ステップ1の指導の流れ（第1回）

① 今回の目標

・活動の流れや，各活動を理解する。数字の順番や全体量を考える。1枚の絵をもとに文章題を考える。

② 展開

T：指導者　C：対象児　M：保護者

分	ねらい	方　法	留意点
2	1．活動内容と流れを知る	・Tが提示した本日の活動内容を聞く。	・Cと十分にラポートを築き，Cの願いと目標を確認する。 ・ホワイトボードに予定を明記する。
15	2．数に関する活動 ①いくつ分になるかな？ ・全体が基になるもののいくつ分かを考える（★1) 第2回　量 第3回　形	・測られるもの（ホワイトボード）が測るもの（絵本，教科書，消しゴム）のいくつ分になるかを見当する。 ・実際に測って確かめる。	・1番長い測るものから予想させ，実測も1番長い測るものから行う。 ・異なる長さの絵本と教科書を用意する。 ・測りやすくするために，新品の長方形消しゴムを使用する。
10	②数字の順番ゲーム ・数字の順序を理解してゲームができる（★2)	・Cが1人で数字を1から50まで数える。 ・CとTで10毎に交代しながら1から50までを数える。 ・一の位が5のときに数えないで手をたたく。	・50までの数が正しく数えられているかを確認する。 ・1から50までの数字の順序がわかる一覧表を用意しておく。 ・手をたたく練習を20まで行ってルールを理解させる。
15	③文章題を考えよう。（1枚の絵） ・1枚の絵から，問題文を考え，回答する	・1枚の絵を見る。 ・絵からわかることを話す。 ・絵に関係ある問題文を読んで，回答する。	・1枚の絵で説明できる文章題を準備する。（★3) ・絵と問題文は分けておく。 ・絵を机の上に置き，Cから見てわかることを聞く。 ・問題文を提示する。
3	3．まとめ	・CがMにいくつ分になるかの問題を出す。 ・Mに予想してもらう。 ・Cが正解を言う。	・Mにいくつ分（全体量と基準量）の意味を伝え，宿題として，家庭でも取り組んでもらう。

③ プログラムのポイント

★1：全体が基になるもののいくつ分…生活の中での基準量

　第1回から第3回までは，子どもが全体量と基準量の関係を生活の中で感じ取れるように，身近な具体物を使って学習します。最初は長さが題材です。子どもが，予想後に，実際のホワイトボードの横の長さをものさしで測ろうとしたら，「ものさしを使わないで，絵本で測ってね」と再度，測る物のいくつ分になるかを考えるように伝えましょう。測る物（基準量）が小さくなるほど，全体の数が大きくなることに気づけばOKです。

　第2回は，量を扱います。「1リットルのペットボトルに入っている水は，牛乳パックの何杯分になるか予想しよう」と出します。子どもが予想した後に，実際に牛乳パックに水を入れて確かめます。第3回は，形です。正方形の中に，小さな正方形がいくつ入るかを予想させ，正方形の積み木を操作して確かめます。

★2：数字の順序…数字の配置の順番に注意する

　3歳から4歳位の子どもは，1から順に20位まで数えられます。しかし，「にじゅういち，にじゅうさん」と20を越えると言えない様子が見られます。数が順序を表していて，数字の配置の順番や配置による意味の違いまでわかっていないからです。その後，年齢の発達と共に生活の中で数字の規則性を獲得していきます。しかし，獲得しそびれた子どもの場合，位の順番が理解できず，13を見て「さんじゅういち」と読み間違ったり，13を書いたつもりが31と書いてしまったりします。50までの数を扱った遊びを通じて，数字の順序性に注目させます。一の位が5のときは，5を言わないで手をたたくというように，5を拍手に置き換えます。5がどこにあるかを確認してから始めるようにします。慣れてきたらテンポを速めたり，3はウインクするというような動作に置き換えたりします。

★3：1枚の絵で考える文章題…ことばと絵をつなげる

　文章題（数的推論）は，言語を視覚的イメージへと変換する過程と，立式する過程の2つの過程が重要です。そのため，文章題の苦手な子どもには，問題の文章を絵や図でかかせてから立式を考えさせる指導が有効です。しかし，絵や図がうまくかけなかったり，言語を絵や図として変換する意味がわからなかったりするときは，この方法が使えません。

　最初は，1枚の絵を題材にして，数を合わせたり（例：動物園のペンギン達を見物している人達の絵を使って「見学している人はみんなで何人」），数を比較してひいたり（例：同じ絵で「ペンギンと見物している人とではどっちがどれだけ多い」）とことばと絵をつなげる体験をさせ，文章題にとっかかりやすくします。

3 ステップ2の指導の流れ（第4回）

① 今回の目標

- 半具体物から全体量を考える。位取りのきまりを理解する。文章題を2枚の絵から考え，立式する。

② 展開

T：指導者　C：対象児　M：保護者

分	ねらい	方　　法	留意点
2	1．活動の順番を決める。	・これまでの①から③の活動の札を受け取り，順番を考える。	・子どもが自分で選択しやすいように，ホワイトボードに①から③の数字を書き，その横に活動の札を貼れるようにしておく。
10	2．数に関する活動 ①いくつ分になるかな？シルエットクイズ ・全体量や基になるものを半具体物に置き換えていくつ分かを考える^(★1)	・新幹線のシルエットを見る。 ・パトカーの長さを基にして新幹線はいくつ分になるかを予想する。 ・基になる棒を使用して，新幹線の長さを測る。	・シルエットを見せて答えさせる。 ・次に，パトカーのシルエットを見せ，パトカーの長さの棒を用意する。棒を手がかりに予想させる。 ・新幹線のシルエットを測らせる。
15	②おはじきカーリング ・位取りのルールがわかる^(★2)	・位を書いたホワイトボードを机の上に置く。 ・ホワイトボード上にあるスタート円におはじきを置き，交互におはじきをはじく。 ・おはじきの数を位ごとに書き，数を読む。	・位（一，十），位の区切り，スタート円をホワイトボードに書き込んでおく。 ・十までの位取りを習得している場合は，百の位や千の位を順次，追加していく。 ・上位の位から数えさせる。
15	③文章題を考えよう（2枚の絵） ・2枚の絵から問題を考えて解く	・2枚の絵を順番に見て，わかることを話す。 ・問題文を読んで，立式する。	・2枚の絵で解く文章題を準備する。^(★3) ・絵と問題文は分けておく。 ・絵を机の上に順番に置き，Cに答えさせる。
3	3．まとめ	・Cが，位取りについてわかったことをMに知らせる。	・「一，十，百，千，万」という位の言い方を練習してくることを宿題にする。^(★4)

③ プログラムのポイント

★1：半具体物…具体物と数（シンボル）とをつなぐ過程

数の発達は，具体物から半具体物，半具体物から数（シンボル）という過程をたどっていきます。第4回からは，全体量と基準量の具体物をシルエットで表現します。子どもは，実際の
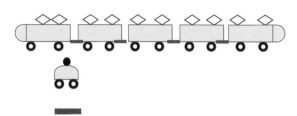
新幹線とパトカーを想像し，新幹線のほうが長いということは理解できるはずです。基準量（パトカーのシルエットの長さ）を棒に変換し，棒という半具体物で確認します。第5回の量，第6回の面積も同様に行います。

★2：おはじきカーリング…位取りのきまりを知る

ホワイトボードとおはじきを使ったゲームで位取りを学習します。ホワイトボードを一の位と十の位に分け，おはじきを置く，スタート円を用意して，3回ずつ，交互におはじきをはじきます。自分のおはじきや相手のおはじきにあててもOKです。3回終了後に，得点表（資料p.124）に個数を書き，読むようにします。

十までの位取りが確実に定着しているのであれば，位取りの般化をねらって，百の位や千の位を増やします。位が増えたときに，大切なのは，必ず左の位から個数を書いていくようにします。位の覚え方が「いち，じゅう，ひゃく，せん…」と右からですが，書くと読むは左からというルールは，この段階で気づかせたいですね。
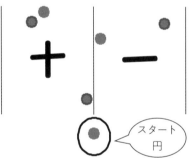

★3：2枚の絵で解く文章題…時系列に考える

文章題は2つの場面から構成されている問題（例えば，「1袋に飴が10個入っています。3袋ではいくつでしょう」「公園で子どもが5人遊んでいました。2人帰りました。何人残っているでしょう」）があります。まずは，時系列に話を理解する必要があります。2つの場面の変化や違いをことばで説明させ，数や量が変化することに気づかせます。

★4：位の言い方…動作をしながら声に出す

「一，十，百，千，万」という言い方を覚える時に，位取りと結びつけるために，動作を交えて身体感覚で覚えるようにします。「いち，じゅう，ひゃく，せん，まん」と声に出しながら右から順に左にジャンプします。次に位に上がる意味をジャンプとして表現します。頭の中に位がすぐに浮かぶようになるまで，ジャンプの表現で練習を続けます。

4 ステップ3の指導の流れ（第7回）

① 今回の目標

・基準量から全体量がわかる。位の数字を手掛かりにして，数の大小がわかる。文章題を絵にかいてから，立式する。

② 展開

T：指導者　C：対象児　M：保護者

分	ねらい	方　法	留意点
2	1．活動の順番と目標を決める	・活動の札を使って，自分で順番を決め，各活動の目標を立てる。	・活動の札は見える所に貼っておく。 ・Tは指示をしないで，Cの様子を見守る。
10	2．数に関する活動 ①シールが何枚？ ・単位量をもとに全体量を考える^(★1)	・Tから課題の説明を聞く。 ・シール何枚分になるかを予測する。 ・実際に確かめる。	・シールを丁寧に貼ることが目的ではないので，多少ずれても，確かめていることを重視する。 ・基準量が異なっても全体量を考えられるように，毎回，シールの大きさを変える。
10	②どっちが大きいゲーム ・位の数字に注目して大小を考えることができる^(★2)	・1から9までの数が入ったカード4セットを，一，十，百，千と書いてある所に1セットずつシャッフルし，裏向けて置く。 ・千の位から順に一の位まで引き，Tが引いた数と比べる。	・「一，十，百，千」という位の言い方を確かめる。 ・位は，必ずCを基準にするため，Cの右側から一の位になるように，カードをセットする。 ・Cが忘れてもすぐ思い出せるように，位の順を掲示しておく。
20	③文章題を考えよう ・絵にかいて立式する^(★3)	・問題文をもとに絵や図をかき，立式する。	・Cが文章題を解いていく様子を見守る。 ・絵や図は手掛かりとして使えていればOKであることをCに伝える。
3	3．まとめ	・CがMに回答した文章題の説明をする。	・Mに，Cが文章の全体像をイメージできている点に注目し，ほめてもらう。

③　プログラムのポイント

★１：基準量をもとにした全体量…基数性の理解

　第７回と第８回は，線である連続量を，シールを使用し，シールのいくつ分であるかで表現します。基準量をもとに，全体量を考えるという仕上げです。（資料 p.122，123）

　最初に四角のシール１個分になる例題の線がかいてあります。その上に，指導者がシールを貼って，答えが１になることを示します。出題されている線がいくつになるかを「よそう」します。実際にシールを貼って，「こたえ」を確かめます。これまでの学習から，課題の意味を理解し，「この線，シール何個分と思う」と当たりがつけられそうですね。必ず，先に「よそう」という手順を踏んで下さい。第８回で，１単位になる四角シールの大きさを変えることで，基準量に合わせて全体量を理解できているかを評価することができます。第７回と基準量が異なっていることが一瞬でわかるような大きさのシールを用意します。

★２：位の数字に注目…上位の数で比較できるかを確認する

　数字の位を使った発展問題として，４桁の数の大小比較を行います。上の位が大きいほど数が大きいということを理解しているかが，このゲームですぐにわかります。子どもが位の数字をもとに大小比較できているかだけでなく，引いたカードから構成された数を正しく読んでいるかも確かめておきましょう。

★３：文章題を絵にかいて立式する…問題を絵や図に表現

　第６回までの学習を通して，絵を使って考えるという意味は理解できています。第７回と第８回で子ども自身に問題文を絵や図で表現するように伝えます。それから，式を立てるように考えさせます。この時のポイントは，比較したり変化したりする数や量に着目してイメージさせることです。

　不器用のある子どもの場合，「絵が下手，うまくかけない」と言ってかくことを嫌がったり，乱雑にかいたりするかもしれません。しかし，文の内容を自分なりの絵や図で表現して考えることが大切です。指導者が「こんなふうにかかないとダメ」という固定観念に囚われないようにしましょう。

※終了時の子どもの様子

　プログラムを終了する子どもは，位取りのルールを理解して，２桁以上の数の読み間違いや書き間違いがなくなっています。大きい数の比較も上位の位から考えられるようになっています。生活の中で「運動場にある大きな木は，朝会台から〇歩ぐらいの場所にある」と妥当な予測ができるようになっています。文章題は，絵や図をもとにして，立式が可能になっています。

5 注意・集中の弱い 子どもへの指導プログラム

1 指導の目標と基本の枠組み

① 指導目標

「自分の不注意や動きの止められなさを意識して，生活や学習場面での対処方法を身につける」

多動が目立つ子どもの場合，本人はじっとしているつもりで，常に身体のどこかが動いているということに気づいていない場合があります。身体の動きを止めている状態を見てわかるようにすることで，意識して動きを止める身体感覚をつかませるようにします。また，学習での不注意ミスは，注意されて気づいたり，注意しても同じミスを繰り返したりしてしまいがちです。どこで，不注意が出やすいのか，その子どもと一緒に考え，対処する方法を編み出して，使えるようにしていきます。

② 指導計画

1回の指導は，45分（活動内容や目標の確認：2分，指導：40分※途中休憩を5分入れることもある，まとめ：3分）。基本は，8回（週1回・約3か月）を目安にし，8回のプログラム展開は，次の通りです。

ステップ1 1〜3回（3回）	ステップ2 4〜6回（3回）	ステップ3 7・8回（2回）
流れや活動を理解： 多動・不注意の視覚化	活動の発展： 多動・不注意への対処	活動の評価： 対処法の活用

※第4回と第8回はふり返り

③ 指導の形態

指導者と子どもの1対1が基本です。（保護者へは，毎回，まとめでフィードバックする）

④ 使用する教材

瞬間，瞬間に反応してしまいがちなため，見通しをもてない面があります。また，集中力を継続させることも難しいのです。予定が見えることは，子ども自身の見通しにつながるだけで

なく注意の継続にもつながり，自分で活動を組み立てる礎となります。そのためにも，今何をしているかの予定がわかり，自分の注意を継続できる時間配分に予定を修正したりできるよう，予定変更が容易なホワイトボードの予定表を準備しておきましょう。

　ステップ1での教材準備に必要なのは，指導者が行う事前の子どもの学習上の誤り分析をもとにした手作り教材です。どこを間違うのか（例えば，漢字を書くときに，1本線が多かったり少なかったりする，計算問題で記号が混合すると間違いが増える，問題量が多いと後半にミスが増えるなど）を把握し，そのことに子ども自身で気づけるような問題を作成することが重要です。問題形式（解答をピックアップする，選択する，記述するなど），問題数，問題の選択，問題の出題順番などを考慮することも大切な要素です。特に，ステップ2では，子ども自身が間違いを防ぐために事前に意識する観点が明確になっていることが求められます。

　毎回のプリントや使用した教材が，子ども自身でフィードバックする手がかりになります。毎回の予定や使用した教材を綴じる個人用ファイルも準備しておきましょう。

⑤　場の設定

　指導する部屋は，他のプログラム同様，1対1の個別指導の場所に加え気分転換スペース（集中が切れたときに休憩の気分転換ができるコーナー）も含めた広さを確保します。また，部屋の側面や窓の配置など子どもの視界に入る情報の統制ができるように配置します。指導者の背景は無地で，周囲の掲示はしません。成果を子どもが見直せるための8回の記録は，子どもの背景に掲示しておきます。荷物置き場などは触りにいきたくなるので，部屋の外に用意します。

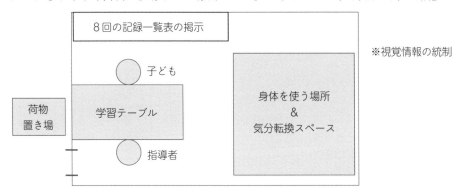

⑥　プログラム終了時に期待される子どもの姿

　身体の動きを止めなくてはいけない状況で，しばらくは意識して止めることが可能になるでしょう。また，学習でのミスのパターンに気づき，ミスを少なくする対処方法や，自分に合った効率的な学習方法にも気づくことが期待されます。そのことで，「何をやってもダメな自分」と自己肯定感を下げることにはつながらず，「こうすればできる」と自信をもてる姿に変化することでしょう。

2 ステップ1の指導の流れ（第1回）

① 今回の目標

・身体が動いていることに気づく。どこに注意を向けるかを理解する。

② 展開

T：指導者　C：対象児　M：保護者

分	ねらい	方　法	留意点
2	1．活動内容と流れを知る	・Tが提示した本日の課題内容を聞く。	・Cを待たせることなく，すぐに指導室に入れる。 ・イライラしている様子が目立つときは，すぐに活動を始めないで，気分転換スペースで動きのある活動を十分に行う。
5	2．活動 ①どれだけじっとできるかな？^{（★1）} ・動きに気づく	・仰向けで大の字に寝そべってCのおでこや胸にお手玉あるいはいがいがボールを乗せる。	・身体が動いていると，すぐに落ちてしまうことを視覚的に理解させる。乗せた瞬間にすぐに「1．2．3…」と数えて開始する。
5	②目指せ，ピッタリ名人！^{（★2）} ・自分のできる時間を知る	・用意した計算問題プリントを見せ，どれくらいの時間で解けそうかを予想させてから問題に取り組ませる。	・予想時間と実際にかかった時間が同じになることが名人であることを毎回，伝えるようにする。
10	③どこが違うかな？^{（★3）} ・不注意に気づく	・仲間外れの漢字を当てさせ，どこが違っているかを指摘させる。	・どこが違っているか，ポインティングや言葉で確認する。
10	④覚え方を考えてみよう！^{（★4）} ・覚え方に気づく	・設定した時間内で選んだ内容を覚えるようにする。	・思い出せない時に，覚えた方法や手掛かりを伝える。
10	⑤今日の予定を決めよう！ ・プランニングを行う	・帰ってすることを決める。	・帰宅後にすることを聞く。 ・何でもよいので，いつ，どれだけするのかを出させる。
3	3．まとめ	・Mを呼んで，Mも一緒に活動（ピッタリ名人！「目をつむって，10秒後に立つ」）をする。	・事前に了解をとり，CとMの様子を撮影する。 ・ピッタリにするために工夫した方法をCとMに聞く。 ・映像で確認する。

③ プログラムのポイント

★1：どれだけじっとできるかな？ …身体が動くことを視覚化する

仰向けで両手と両足を広げた大の字の形で寝ます。子どもの動きそうなところにお手玉を乗せます。お手玉が落ちることで，身体が動いていることを意識させます。

1回目は子どもの動いている場所がわかるように，いろんな場所に乗せます。

子どもが身体の動きを止めることに集中できるように，支援者が数を数えます。

衝動性が高い子どもの場合，いきなり静の状態に入るのは，難しいかもしれません。先に，しっかり身体を動かす活動（ジャンピング，ペットボトルのバーベル上げなど）を行ってから，静の動きに入ります。

★2：目指せ，ピッタリ名人！ …まずは自分のできる時間をチェックする

子どもの集中力に合わせ，5問，10問，20問と3種類程度の問題量と加減乗除を組み合わせた12種類の問題を数枚用意します。問題用紙の上の左に予想した時間，右に実際にかかった時間の記入欄を設けます。正答率よりも，ピッタリ時間が合うことを重視して，最後まで回答するのにどれくらいかかるかの自己認知を大切にします。低学年の場合，自己認知力は十分に育っていませんが，自分がどれぐらいできるかを予想することが大切であるという体験となるようにします。

★3：どこが違うかな？ …選択的注意へのミスに気づく

子どもの間違った漢字を問題として出すようにします。例えば，横棒1本シリーズとして，支援者が正しい漢字9問（例「自」），子どもの真似をして間違った漢字1問（例「白」），計10問の中から間違いを見つける問題から始めます。子どもが1本少ないと気づけば，次の問題は，どこが違うかな？と聞いて回答を求める方法にします。どこに注目するかを明確にして，子ども自らが誤りのパターンに気づくようにします。

★4：覚え方を考えてみよう！ …自分に合った覚え方を知る

低学年では，色シリーズ，乗り物シリーズ，食べ物シリーズ，高学年では漢字シリーズ，ことわざシリーズ，四字熟語シリーズを覚えるようにします。意欲づけになるように，できるだけ，子どもにどのシリーズに挑戦したいかを選ばせるようにします。最初に1分間で覚えるように伝えます。「覚えた」と子どもが言ったら，「言ってみて」と確かめます。どうやって覚えたかや思い出した時の方法を確認し，その日の標語（例：〜は〜として覚えるべし！）として作ります。

① 今回の目標

・動きを止めることを意識できているか，不注意への対処が身についているかを確かめる。

② 展開

T：指導者　C：対象児　M：保護者

分	ねらい	方　法	留意点
2	1．活動内容と流れを確認する	・これまでの成果をふり返る。	・記録一覧表で成果をふり返らせる。
5	2．活動 ①どれだけじっとできるかな？ ・動きを意識して止める	・動き回ってから，椅子に座る。 ・椅子に座った姿勢で，頭の上や肩の上，膝の上にお手玉あるいはいがいがボールを乗せる。	・仰向けの大の字の姿勢を望む場合は，難易度を上げて行う。 ・子どもの目標タイムを聞いてから開始する。(★1)
10	②目指せ，ピッタリ名人！ ・実際の時間の見当がもてる	・計算問題プリントの種類と枚数を選択させる。各プリントで予想時間を書いてから始めるようにする。 ・ミスを減らす方法を考える。	・予想時間と実際にかかった時間の差が何秒以内なら，ほぼピッタリ名人とするかを相談して決める。 ・子どもに合うミスを減らす方法を一緒に行う。(★2)
5	③どこが違うかな？ ・不注意への対処が言語化できる(★3)	・第3回までの問題を見て，間違っているところを言う。	・本人の誤り問題を中心に出題し，答えられない時は，どこを見るかのヒントを出すようにする。
10	④覚え方を考えてみよう！ ・記憶を維持できる	・設定した時間内で覚えたことをしりとりの後（少し時間をあける）に再度，確認をする。	・正答を引き出そうとするのではなく，覚え方を思い出させるようにする。
10	⑤前回のふり返りと1週間の予定を決めよう！ ・3日間でできそうな計画を立てる(★4)	・前回のふり返りをする。 ・1週間の3日間でできることを考える。	・前回のふり返りは，手順を確認する。予定通りに「できたこと」と「できなかったこと」を分ける。
3	3．まとめ	・CとMで「覚え方を考えてみよう！」を行う。	・Mに「Cの得意な方略」を伝える。

③ プログラムのポイント

★1：どれだけ，じっとできるかな？…動きを意識する，妥当な目標を決める

　集中時間が短い子どもは，同じ活動を続けると，飽きてしまい，動作が雑になりがちです。子どもの意欲を継続させるには，指導者が活動内容にバリエーションをつける，内容を少し難しくするなど工夫します。第4回は，座る姿勢に挑戦します。最初の1分間は部屋の中で動き回っていて，始まりの音が聞こえたら，椅子に座ります。仰向けのときに，目をつぶることで，力が抜けているようであれば，椅子に座ってから，目をつぶるように伝えてみましょう。目標を確認したり，最初の状態（第1回）と比べてできるようになったことを伝えたりするようにして，モチベーションの維持を図りましょう。「できるようになりたい」タイムを目標タイムとしないように，「前回は，○○までできたよ」と実際の成果を伝え，妥当な目標タイムを決められるようにしましょう。評価は，子どもが意識して，じっとする姿勢ができていればOKです。

★2：一緒に考える…実現可能なピッタリ時間を設定する，ミスを減らす対処法を考える

　第3回までに1秒差もないピッタリには，達していないと考えられます。「無理」と思ってしまうと，課題への意欲も失います。第4回は，予想時間の誤差の幅を一緒に考えてみましょう。例えば，4秒の誤差をOKとする，5問の問題なら，2秒の誤差をOKとする，としてもいいでしょう。

　第4回では，子どもが速く解こうとして，ミスが増えてしまう場合，原因を分析し，「次には間違えない作戦タイム」として，ミスを減らす方法を一緒に行ってみます。問題を飛ばしてしまう場合は，解いている問題を意識するように指で押さえる，定規で示すなどの方法があります。記号や文字を見間違う時は，記号や文字に注意喚起の印を入れるなどの方法があります。ミスの原因に応じた対処方法を一緒に行い，子どもが1番便利と感じた方法を使うように伝えます。

★3：不注意への対処…誤りやすい箇所に注意を向ける

　子どもが問題を見て，どこが間違っているかをすぐに答えられるか見ます。答えられない時は，「ヒントその1縦の棒…」「ヒントその2ここに注目…」と見るべき場所を示すようにします。漢字がクリアできているときは，計算問題を式と答えを書いて5問出題し，子どもが間違った問題を1問入れておきます。なぜ，自分が間違ったのかを自分の言葉で言えるようになることが，この段階では重要です。

★4：計画する…おおよその計画が立てられる

　絵をかく，模型を作る，縄跳びの技を磨くと何でもOKです。1週間の3日程度でできそうな内容を考えて活動を選ぶか，活動を選んでから3日間でできる内容を考えるかは，子どもの得意な方法で選択させます。計画した手順と実際にできたことをふり返り，子ども自らが実現可能な計画を立てる体験へとつながります。（資料 p.131）

① 今回の目標

・自分でわかったこと，できたことをまとめて意識化する。

② 展開

T：指導者　C：対象児　M：保護者

分	ねらい	方　法	留意点
2	1．活動の流れと各活動で身につけたことを確認する	・これまでの活動をふり返り，「できた」方法を思い出す。	・活動毎にふり返らせる。
5	2．活動 ①どれだけじっとできるかな？ ・意識して切り替える方法をつかむ	・仰向けで大の字の姿勢と着席の姿勢を行う。	・始まる前に，身体を止めるためのイメージを確認し，終了後は意識できていたことをほめる。(★1)
10	②覚え方を考えてみよう！ ・教科学習に得意な方略を使用できる(★2) ・記憶を維持できる	・これまでの問題のおさらいの後に，教科書からの出題問題を考える。 ・時間をあけて（別の課題を間に入れた後に）答える。	・教科書の出題問題では，覚え方に得意な方法を使用しているかをチェックする。
5	③どこが違うかな？ ・間違う箇所を言語化する(★3)	・新しい単元の漢字から間違いやすい問題を作る。	・国語の教科書の習っていない単元から漢字の問題を作成するように指示する。
10	④目指せ，ピッタリ名人！ ・5分間でできることがわかる	・これまでに行っていない課題で5分間のチャレンジを行う。(★4) ・「覚え方を考えてみよう！」で覚えたことを答える。	・チャレンジする課題は，他の教科から出題する。 ・記憶が持続できているかを評価する。
10	⑤これからの予定を決めよう！ ・プランニングができる(★5)	・すべきことを書き出す。 ・手順を考える。	・すべきことを思い出させる。 ・所要時間，優先順位などをおさえる。
3	3．まとめ	・CとMで「これからの予定」を確認する。	・家庭でも引き続き取り組めるスケジュールの立て方を確認する。

③ プログラムのポイント

★１：多動のコントロールの般化…オフとオンを上手に使えるようになる

　動きを止める意識のスイッチを常にオン状態で続けるのは大変です。必要なとき以外は，オフ状態でよいのです。自分がじっとしようと思った時に，意識をオンにするようにできればよいのです。逆に，オフの状態にしたい時に，「ちょっと，休憩させてください」と意思表示ができるようになればよいですね。

★２：得意な方略…教科学習に活かせるようになる

　書くことよりも，声に出して覚えるのが得意，身体を使ってことばをイメージするのが得意，ことばの語頭をつなげて意味づけるのが得意，新しいことばを既習学習と関連付けるのが得意など子どもの覚え方は様々です。身につけた得意な覚え方を教科学習に使えているかを評価しましょう。１度覚えた内容について時間をあけて再回答（別の課題を間に入れて再回答）させることで，記憶の維持をみることができます。

★３：言語化…誤り方を意識し誤りを防ぐ対処でミスを少なくする

　子どもは，これまでの学習で自分の誤りのパターンに気づいています。誤り方とそれを防ぐ対処法を言語化し，誤る前に防ぐのが重要です。例えば，漢字で棒を１本多く書いたり，少なく書いたりするミスをする場合，「漢字の線に注意する。目は２個なので横線２本，日は１個なので横線１本」と声に出して，自分で意味づけたことばで確認することや「解いている問題がわからなくならないように問題を指で確認する」と自分に言い聞かせるなどが有効です。子どもが対処法を常に意識するように，支援者も課題を行う前に子どもへの確認を入れます。

★４：目指せ，ピッタリ名人！…般化をねらうチャレンジタイム

　第７回になると，計算問題では，実際にかかった時間が予想時間の誤差の範囲内に納まってくるでしょう。チャレンジタイムとして，その他の課題でも，自分の力を予想通りに発揮できるかを行います。例えば，漢字の問題で，「何問ぐらいできそう」と聞いてから取り組ませることで，子どもが５問中３問解けるとあたりがついていることが大切です。自分ができると予想した問題ができることが等身大の自分に気づくことにつながります。

★５：プランニング…自分で生活を組み立てる

　時間配分や優先順位を考えないで思いついた順番で行うと，作業が完了しないことが多くあります。優先順位や時間配分まで意識がいくことで，やらなくてはいけないことにどれぐらいの時間を要するかという見通しにつながり，生活のプランニングへとつながります。まずは，すべきことを思い出します。メモに書き出した項目の優先順位や所要時間を考慮し，いつするか予定を決めて，完了した項目から消していく方法や，すべきことを表の一覧にし，完了した項目に完了の印をいれる方法があります。見通しをもって生活をしていくために必ず必要となる力がプランニングです。家庭でも，子どもに身近なこと（例えば，お手伝い３つをどの順番でいつから始めるなど）の計画を立てさせ，実行してもらいましょう。

6 社会性につまずきのある子どもへの指導プログラム

1 指導の目標と基本の枠組み

① 指導目標

「自分と人との違いに気づくこと，友達と一緒に活動することができる」

友達と関わりたがらない，一方的に自分のことだけ言う ASD タイプ，ちょっかいをかけたり余計なことを言ったりする ADHD タイプ，友達の言いなりで，自分の意見が言えない LD やボーダーラインタイプの子ども達は，友達とうまく関われず，学校生活が楽しめません。そこで，まず人と自分が違うことを改めて理解させることが大切です。その上で，互いのできる部分で協力したり苦手な部分を助け合ったりする方法を身につけることを目指します。

② 指導計画

1回の指導は，45分（初めの会：10分，活動：30〜25分，終わりの会：5〜10分）。基本は，8回（週1回・約3か月）を目安にし，8回のプログラム展開は，次の通りです。

ステップ1 1〜3回（3回）	ステップ2 4〜6回（3回）	ステップ3 7・8回（2回）
流れや活動を理解： 友達と自分の気持ちの同じと違うに気づく。 多数決で決めた活動に参加できる。	活動の発展： ストレスや怒りのレベルの違いに気づく。 理由に納得した活動に参加できる。	活動の評価： 表現の仕方の違いに気づく。 自分が選んだ活動を友達に伝え一緒にできる。

③ 指導の形態

指導者と子ども3人から6人のグループが基本です。メンバー構成は，同学年同士が1番望ましいのですが，人数がうまくそろわない時は，低学年・中学年・高学年位で1つのグループにします。障害のタイプや，性別は問いませんが，子ども同士・保護者同士の相性など，今までのプログラムに参加してきた中で得た情報は考慮してグループ編成を行います。

④ **使用する教材**

・ホワイトボードと，水性ペン・イレーサー：参加児童の名前と顔写真の札と活動の日程の枠を作っておき，板書係が記入できる筆記具も用意します。

・参加児童用写真：名前入りの写真を用意します。

・今日の活動プリント：それぞれの活動の下にメモができるスペースを入れておきます。

・司会・板書などの係用腕章

・ステップ１：「同じ（いっしょ）」「わかる」「違う」「へえ」「ふうん」「いいね」の札
　ステップ２：「賛成」「反対」「意見」「感想」「ガッテン」の札

・サンキューワークの説明書

・選択活動の遊具・ゲーム類
　静的活動：かるた・百人一首・漢字合わせゲーム・５ゲーム・ＵＮＯ・トランプ・ジェンガ・はあっていうゲームなど

　動的活動：ドミノ・黒ひげ危機一髪・バランスゲーム・ダンス・袋飛び競争・ワニワニ鬼ごっこ・風船バレー・ハンカチ落としなど

・時計・ストップウォッチ・キッチンタイマーなど時間を管理するもの

・個人ファイル：活動プリント・宿題・家族と担任の先生からのメッセージを綴ります。

⑤ **場の設定**

　指導する部屋は，指導する人数にもよりますが，できれば普通教室（約60㎡）くらいの広さがあれば話し合いの場と活動の場が分けられます。

　話し合いの場には，参加する児童の人数分の椅子と机を用意します。ホワイトボードがなければ，壁面の黒板でもＯＫです。話し合い活動はビデオに撮って自分達のふり返りや，別室で待つ保護者に見てもらえるようにします。保護者とのグループカウンセリングを別の指導者が行えるとベストです。

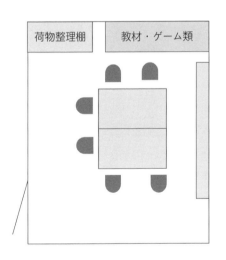

⑥ **プログラム終了時に期待される子どもの姿**

　子ども達が，全ての活動で同じようにできることをねらっているのではなく，それぞれのありようで１つの活動の中の役割を受けもち，それを果たすことができればよいのです。グループの中で役割・仲間意識がもてれば，「ぼく（わたし）は，ここにいていいんだ，友達が必要としてくれている」と体験を通して感じてくれるでしょう。それを支えとして，学校や地域の活動にも参加してみようという意欲がもてることを目指します。

① 今回の目標

・友達と自分の気持ちの同じと違うに気づく。多数決で決めた活動に参加できる。

② 展開

Ｔ：指導者　Ｃ：対象児（Cs：司会　Cw：板書）

分	ねらい	方　　法	留意点
10	1．はじめの会 　一緒に活動する友達を知る 　係活動の仕事を知る	・入室し，自分の席に座る。 ・今日の Cs，Cw が前に出てあいさつ，今日の流れを確認する。 ・司会に当てられた子どもから自己紹介をする。 ・他の子どもの質問に答えてもらう。Cw はそれを記入する。 ・今日の活動の流れを確認する。	・部屋の外にも参加児童の顔写真と名前を掲示し，持ち物を片付けてそろって入室させる。 ・司会・板書の仕事を説明し，やりたい人を聞いて，希望がなければ　指名するか，ジャンケンで決める。 ・質問のひな型を用意しておく。(★1) ・活動を掲示しておく。
30	2．活動 ①「サンキューワーク」に参加する ・感想を書く ②「お楽しみタイム」の遊びを決める 　活動に参加する ・感想を書く	※第1回は，指導者が主導するが，以降は Cs が仕切る。 ①自分達が5分間取り組めそうな活動を選ぶ。多数決で決めたら，活動に移る。 　タイマーが鳴ったら戻って，感想を書く。 ②①と同様に活動を選択し，5分間遊ぶ。 　タイマーが鳴ったら，片づけて感想を書く。	※活動が選択しやすいよう，各内容を示したプレートを用意する。(★2) ・やってみようと思う活動に手を挙げさせ，Cw に希望する活動の人数を書かせる。人数が多い活動に取り組む。やりたくない子どもの気持ちは受け止めつつ，参加できる方向で援助する。 ・①と同様に示し，選択して遊ぶ。活動の切れ目は，タイマーを鳴らすことで切り替えを促す。片づけは，Cs の依頼した子どもにしてもらう。(★3)
5	3．終わりの会 　それぞれのふり返りを発表する 「きもちチェックリスト」をつける（1週間の宿題） 　あいさつをする 　片づけて帰る	・Cs の指名で，「やってみてどうだったか」を発表し合う。 ・気づいた友達の姿を発表してもらう。 ・「きもちチェックリスト」の説明を聞き，記入する。 ・Cs・Cw に拍手する。 ・あいさつ・ファイリングをして帰る。	・「○○です，『サンキューワーク』では□□□。『お楽しみタイム』では□□□。」というひな型を準備しておく。 ・友達のよかったところに気づく子どもを認める。 ・宿題「きもちチェックリスト」の記入方法を説明する。(★4) ・Cs・Cw の仕事ぶりをねぎらう。

③ **プログラムのポイント**

★1：質問内容は，子ども同士でシェアし合おう！

「好きなテレビ」「好きな歌」など質問のひな型を作っておくことと，質問の答えを板書する時間が必要です。その間に，「『同じ』っていう人？」「『わかる』って思う人」「『へえっ』って思った人」など司会がたずね，札を上げさせ，話題を共有し合います。

★2：サンキューワークは奉仕活動，人に感謝されるようなことに取り組もう！

学校生活でも，掃除の時間に「何をしてよいかわからない」「やりたくない」タイプの子ども達が多いので，ここではもっと具体的に内容をあげ，取り組む時間を短くすることで，「ぼくでもできた」という達成感を味わわせます。内容は，①絵本棚の本を並べ直す，②スリッパをそろえる，③おもちゃの整理，④窓ふき，⑤草抜き，⑥待っている保護者への肩たたきなど，そこでできそうな活動をあげておきましょう。これまでに取り組んだ子どもの姿をビデオに撮っておいて見せると，「なるほど」とか「やってみよう」というモチベーションが上がります。

当然「やりたくない」という子どももいますが，「パス」も用意し，「しない」ことも選択肢に加えておきましょう。ただし，理由は述べてもらい，他の子どもの了承を得ます。

★3：「お楽しみタイム」は，限られた時間の中で楽しもう！

選択できる遊びは，対象とする子どものタイプによってアレンジが必要です。机上でできる遊びか，身体を使った遊びか，ある程度絞っておきましょう。第1回目に取り組む活動は，子どもが一斉に配られた漢字カードで熟語を作るゲームや，「せーのっ！」で引っ張って当たりを引くくじびきゲーム，バランスクッションの上に立って誰が最後まで落ちないかゲームなど，今まで子ども達が経験したことがないゲームで短時間に勝敗がつき，5分で繰り返せる

内容を用意します。活動前に，タイマーを準備し，「鳴ったら，途中でもおしまいだよ」と決めておくことはもちろん必要です。

★4：「きもちチェックリスト」は，自分を振り返る指標にしよう！

「きもちチェックリスト」（資料 p.132）を用い，今日の活動で自分が感じたのと同じ気持ちに色を塗ります。色鉛筆を用意しておくと，それぞれの気持ちに合わせて色を選ぶことができます。「楽しかったけど，負けて落ち込んだ」と言えば，2つの気持ちに色を塗るという風になります。

家でも寝る前に，「今日のできごと」をふり返り，寝る前の自分の気持ちを意識してもらうようにしましょう。1週間毎日と欲張らず，5回分位記入できれば上出来です。

3 ステップ２の指導の流れ（第４回）

① 今回の目標

・自分と友達のストレスや怒りのレベルの違いに気づく。活動の中から，自分が，やろうという理由に納得できる活動に参加する。

② 展開

T：指導者　C：対象児（Cs：司会　Cw：板書）

分	ねらい	方　　法	留意点
10	1．はじめの会 ・あいさつ・流れを確認する ・「ココロの温度計」で自分の心の基準を知る	・流れ・役割は前回同様。 ・Cs・Cw の役割は，まだやっていない役割をする。 ・ホワイトボードに「ココロの温度計」を貼り，提示された事に対する自分のレベルを発表し合う。	・子どもの顔写真を貼ったマグネットを３つずつ用意しておく。 ・ココロの温度計を３本貼り，それぞれの温度計の上に，「朝，起きるのが遅いと叱られた」などの状況を貼り，子どもがそれぞれ自分の心のレベルに顔マグネットを貼れるようにする。（★1）
25	2．活動 ①「サンキューワーク」に参加する ・感想を書く ②「お楽しみタイム」の遊びを決める。 活動に参加する ・感想を書く	・①の活動内容は前回までと同じ。実施する活動は多数決でなく，「したい理由」を聞いて納得する活動に取り組む。活動時間は３分に減らす。 ・②の活動内容は，一般的なゲームを提示し，「したい理由」を聞いて納得する活動に取り組む。活動時間は，７分に増やす。	・発表形式を，「□□□がしたい。理由は□□□だからです」のフレームを用意して，話させる（★2）。 ・発表に対しての札は，ステップ２用の「賛成」「反対」などを用い，それぞれの理由も話させる。 ・素早くできるようになったことを認め，ワークの時間は短縮する。 ・話し合い活動は，①と同様。 ・ゲームのルールは，最初に言った子どもに説明させ，そのルールに従ってさせる。ゲームに時間がかかるので，活動時間は延長する。
10	3．終わりの会 それぞれのふり返りを発表する 「きもちチェックリスト」をつける（１週間の宿題） あいさつをする 片づけて帰る	・流れ・役割は前回同様。 ・今回から，「きもちチェックリスト」にエピソードをプラスして，書き込ませる。 ・家庭でも，同じようにエピソードを記入させる。	・ふり返りの感想の発表も，「□□□だった。理由は□□□です」の形で言わせる。 ・気持ちの背景にある事象（ストレッサー）に意識が向くように，エピソードを思い出して書かせる。（★3） ・宿題は，５回分から３回分に減らす。

③ プログラムのポイント

★1：同じ嫌なことでも，感じ方の程度は違うことを知ろう！

自分の心の状態をモニタリングできるようになれば，「パニック」「キレる」のスイッチが入る前の自己対処も可能となります。そこで，自分の心の状態のものさしとなる「ココロの温度計」（資料 p.134）で，自分の心の温度を調べましょう。全く気にしない状態を０，我慢できない，キレるという状態を５にして，ココロの状態の５段階尺度を作成します。０～１は平静状態，５は爆発状態，２～３はまあまあ，３～４はプンプン位の表情シールを貼ってもＯＫです。

第４回は「家庭編」，第５回は「学校の先生編」，第６回は「友達編」で，ストレス状況を３場面設定します。各自のイライラ度を見える化することがねらいです。同じ「お母さんに叱られた」でも，３レベルの子どももいれば，５レベルになる子どももいます。「そんなことくらいで」と評価するのではなく，「そうなんだ，○○さんはそういう言われ方が嫌なんだね」とここはそれぞれの子どもの感じ方を受け止めてあげましょう。

★2：理由を説明することは，納得の早道！

小さい頃，「どうして」「なぜ」と子どもが質問してきた時に，「どうしても」とか「屁理屈はいいの」と大人が曖昧に答えてしまうと，子ども自身も考える機会を失い，考えない子ども，雰囲気だけで返事をする子どもになってしまいます。学校生活，その後の社会生活では，きちんと論理的に自分の言葉で説明することが必要になってきます。そのために，この回からは，くどいほど「理由は～だからです」の練習をします。拙い理由でもよいのです。まずは，考えるトレーニングです。「お母さんが『ありがとう』と言ってくれるから」と，肩たたきをしたい子どもの理由を聞いて，涙した保護者もいました。子どもの本音が見える瞬間です。

★3：今の自分に何が起こっているのだろう？と見直そう！

日常生活の中で常に受ける刺激，それはプラスの意味でもマイナスの意味でも「ストレッサー」と言います。自分がどうしてこんな気持ちになるのだろうとすぐには意識しにくい子ども達です。「あなたは，喘息が出たらしんどいでしょう，だから鬼ごっこの仲間に入れないよ」と言われ，「なんかモヤモヤする」と泣いていた女の子がいました。一見親切そうに見える友達の意地悪を感じ取っているのです。こんな時，どう言えばいいのでしょう。すぐに言い返せるようになることは難しいのです。まずは，自分の気持ちがなぜそうなるのか考える習慣をつけましょう。ストレッサーという敵に気づくことで，少しでも早く対処する策が講じられます。

4 ステップ３の指導の流れ（第７回）

① 今回の目標

・表現の仕方の違いに気づく。自分が選んだ活動を友達に伝え一緒にできる

② 展開

T：指導者　C：対象児（Cs：司会　Cw：板書）

分	ねらい	方　法	留意点
10	1．はじめの会 ・あいさつ・流れを確認する ・１分間スピーチをする	・流れ・役割は前回同様。 ・Cs・Cwの２巡目は，役割を自分で意識して取り組ませる。 ・「きもちチェックリスト」のエピソードを拾って，「５Ｗ１Ｈ」のフレームに合わせて発表する。 ・スピーチの時は，板書はタイムを計り，記録する。 ・聞いた子ども達は，今までの札から気持ちに合う札をあげる。	・司会は，「～さんどうぞ」だけなく，「〇〇について話してください」など焦点化を意識させる。（★1） ・板書は，言った通りに書くのではなく要約させる。 ・１分間スピーチ用に，第6回時に原稿フレームを渡しておく。（★2） ・「同じ」「わかる」「いいね」の札とともに相槌が打てるように促す。
25	2．活動 ①「サンキューワーク」に参加する ・感想を書く ②「お楽しみタイム」の遊びを決める 　活動に参加する ・感想を書く	・①の活動内容は，自分達で新しい活動を考えさせる。「感謝の気持ち」「お礼の気持ち」を形にするため，「だれに」「どんなものを」と具体的に話し合う。 ・②の活動内容は，今まで6回のうち１番楽しかったものを選んで活動する。審判やタイムキーパーも子ども同士で代わりあってする。	・プログラムが次回で終わることを踏まえて，活動を考えさせる。（★3）活動内容によっては，今回と次回の２回でやってもよいことを伝える。 ・今までした活動のうち，自分がやりたいものに投票して決めさせる。Csに活動内容を確認させ，必要な係分担をしてから遊ぶようにさせる。
10	3．終わりの会 　それぞれの振り返りを発表する 　「きもちチェックリスト」をつける（１週間の宿題） 　あいさつをする 　片づけて帰る	・流れ・役割は前回同様。 ・今回から「きもちチェックリスト」のエピソードにサポートしてくれる人やものを書き加える。 ・宿題のエピソードにもサポーターを記入させる。	・前回同様，ふり返りの感想の発表も，「□□□□だった。理由は□□□□です」の形で言わせる。 ・ストレス（エピソード）を軽くするためのイメージトレーニングをして書き出させる。（★4） ・宿題のサポートをしてくれる人やものの具体例をあげておく。

③　プログラムのポイント

★1：司会や板書の役割をしっかりと意識しよう！

　２巡目の時には，前回のよかったところを認め，「今度は，語尾までしっかり言い切ろう」とか，「『～さんは，○○について話してくれました』とまとめよう」などと，具体的に役割を意識させます。同様に板書についても，「うれしかったことは誕生日のケーキを食べたこと」と全部書くのではなく，「⑤—誕生日ケーキ」と，略字やキーワードをピックアップして書くようにさせましょう。上手な板書を写真に撮って，待っている場所に掲示するのもいいですね。

★2：ドキドキの「1分間スピーチ」に挑戦しよう！

　「5W1H」で言いたいことを整理するのは，わかりやすく話すために大切ですが，そのためのメモを作っておくことが，大丈夫と気持ちを落ち着かせたり，大事なことを言い忘れたりするのを防いでくれます。メモを見ながらでよいので，ぜひスピーチに挑戦させてください。

　話した後に，共感の札がさっと上がると，話した満足感が大きくなります。聞く側の姿勢にも注意を払いましょう。

★3：「ありがとう」「さようなら」の節目を演出しよう！

　第7回目には，今までと違った「感謝のワーク」を考えましょう。子ども達なりに，卒園式や学年のお楽しみ会の経験から，「お礼に先生に肩たたき」とか「メッセージカード作り」「友達への感謝状」「金メダル作り」「折り紙の花束」などのアイデアを出してくれるものです。第8回目に渡せるようにと2回連続で作業してもよいですし，子どもによっては，「続きは家で仕上げてくる」という場合もあります。「人に対して何かしたい，できる」という喜びはこの時期一番大切にしたい活動です。

★4：あなたの心の杖を探そう！

　ストレスの感じ方，ストレッサーの要因を考えて，最後はその手助けになる人やもの（サポーター）を意識できるようにしましょう。活動の中で目を閉じて，「気持ちよいと感じること」を言葉にしていきながら，気持ちが軽くなったり勇気がわいてきたりする感覚を味わわせましょう。困ったことや嫌なことに1人で立ち向かうのではない，助けてくれる人やものがあるということをこのプログラムの最後で実感してもらうことがねらいです。

※できれば，この第7回第8回のどちらかを，子ども達の学級担任に参観してもらいましょう。学級では，埋もれたり輪を乱したりしていることが多い子どもの意外な活躍に，担任の先生方の子どもを見る目が変わります。ここでの活動を，次の日の学級活動に取り入れてくれる先生もいました。子どもの了解を得て，今までの映像を見てもらうのもありですね。
※子ども達の活動の裏メニューで進めてきた保護者向けのグループカウンセリングでも，子ども達のビデオは役に立ちます。子どもの働きぶりを知ることで保護者も元気になってもらいたいと考えています。

資　料

・・・

アセスメント

面接時記録シート

感覚・運動のアセスメント

読み・書きの誤り分析シート

指導記録・評価

人関係を育てるプログラム記録・評価シート

ことばをはぐくむプログラム記録・評価シート

友達との遊びを育てるプログラム記録・評価シート（後半）

教材

宿題プリント

ビンゴゲーム記録用紙

全体量と基準量１

全体量と基準量２

位取りのきまり

計算の自動化１

計算の自動化２

文章問題の読解

自己理解プリント１

自己理解プリント２

プランニングシート１

プランニングシート２

感情認知シート１

感情認知シート２

ストレス理解シート

資料データはこちらからアクセスください→

https://www.dropbox.com/sh/p0ofv63wef9sl7b/AAAdjn9GEnidATPcNJ-0hgFla?dl=0

面談日　令和　．　．（　）記録【　　】

ア　セ　ス　メ　ン　ト　票

名前	（　　）	年齢　　歳　　か月 H・R　　年　　月　　日生	
所属　　　　保・幼・小		年　組（担任：　　）	TEL：　　　－
相談者名：　　　　　（　　）		住所：	連絡先：

１．主訴・来談動機

家族構成（ジェノグラム）

２．生育歴（胎生期〜就学前）

胎生期	◎母体　無・有（切迫流産・切迫早産・服薬・その他：　　　　　　　　　　　） ◎胎児　無・有（発育不良・体位異常（逆子など）・その他：　　　　　　　　） ☆特記事項：
周生期	□出産（　　週）、生下時体重（約　　　　g） ◎母体：異常　無・有（早期破水・早産・帝王切開・吸引分娩） ◎胎児：異常　無・有（仮死ＡＰ・臍帯巻絡・黄だん・光線療法） ☆特記事項：
乳・幼児期前期	□乳児期の運動発達　・定頸（　か月）・寝返り（　か月）・座位（　か月） 　　　　　　　　　　・ハイハイ（　か月）・初歩（　歳　か月） □栄養：　　　　　　　（　　　　　　　　　　　　　　　　　　　） □言語発達：　初語（　歳　か月）…　　　　　　　２語文（　歳　か月） 　特記事項： □用便自立　　　　　（　　歳ごろ）… ◎睡眠のリズム　覚醒と睡眠時間の区別がはっきりしない　無・有 ◎母子愛着関係　人見知り　　　無・有　… 　　　　　　　　後追い　　　　無・有　… 　　　　　　　　あやすと喜ぶ　無・有　… 　　　　　　　　指差し　　　　無・有　… 　　　　　　　　クレーン現象　無・有　… ◎育児の印象　　　育てやすい・育てにくい 　特記事項：

乳・幼児期前期	□感覚過敏　①現在も強く残っている、②現在もわずかに残っている。 　　　　　　③現在はない　④過去から現在に至るまで全くない。 　・聴覚　大きな音（　　） 　　　　　小さい音（　　） 　・触覚　　　　　　（　　） 　・味覚　　　　　　（　　） 　・痛覚　　　　　　（　　） 　・偏食　　　　　　（　　） 　特記事項： 例：掃除機、サイレン、指導をする教員の声など特定のもの 例：エアコンなど 例：粘土、のりなど特定のものを触るのを嫌がる 例：痛みに鈍感 □既往　　　　無・有 　・てんかん・熱性痙攣・アトピー性皮膚炎・アレルギー（アレルゲン：　　　　） 　・中耳炎［急性・滲出性］（　　歳頃）その他（　　　　　　　　　　） 　　　特記事項： ◎乳幼児健診 ・1歳半児健診：指摘　無・有　… ・3歳児健診　：指摘　無・有　… ・専門機関相談歴　　無・有

幼児期後期	◎対人関係	ひとりで遊んでいても平気である。	無・有
		特定のおとなのそばを離れない、離さない。	無・有
		ごっこ遊びをした。	無・有
	◎言語発達	一方的な発話	無・有
	◎興味・関心の偏り		無・有
	◎微細運動	お箸、ペンなど年齢と比較して不器用である	無・有
	◎走る、跳ぶ	ぎこちなさがある。	無・有
	◎パニック		無・有

3．現状歴（小学校入学後）

運動発達	◎微細運動　箸・鉛筆の用い方が不器用あるいは独特である	無・有
	ピアニカ・リコーダーの演奏時の指使いがぎこちない	無・有
	◎粗大運動　走り方がぎこちない	無・有
	◎協調運動　なわとびが上手に跳べない	無・有
	スキップが上手にできない	無・有
	特記事項：	

行動特性	【対人相互交流、社会性】	
	◎ひとりで遊んでいても平気である	無・有
	◎特定のおとなのそばを離れない、離さない	無・有
	◎同年齢の友達をつくりにくい	無・有
	特記事項：	

【言語コミュニケーション】
◎一方的な発話　　　　　　　　　　　　　　　　　　　　無・有
◎言葉を字義通りに受け取り、冗談が分かりにくい　　　　無・有
◎抑揚の無い話しかたをする　　　　　　　　　　　　　　無・有
◎構音の未熟さ　　　　　　　　　　　　　　　　　　　　無・有
◎主客の転換がある　　例：「行く」と「来る」、「あげる」「もらう」が逆転　　無・有

◎年齢相応にまとまりのある話し方ができにくい　　　　　無・有
　　　　　　例：単語の羅列、出来事だけを詳細に話す

　特記事項：

【同一性保持行動、興味の偏り】
◎繰り返し同じ動作を行う　　　　　　　　　　　　　　　無・有
◎場面が変わるとパニックを起こす　　　　　　　　　　　無・有
◎特定の物を好む、あるいは嫌がる　　　　　　　　　　　無・有
　特記事項：

【注意集中】
◎課題や作業に継続して注意を向けることができない　　　無・有
◎周囲からの刺激によって容易に注意がそれる　　　　　　無・有
◎忘れ物や失くし物が多い　　　　　　　　　　　　　　　無・有
特記事項：

行動特性	【多動性】 ◎じっとしておくべき場面で動いてしまう　　　　　　　　　無・有 ◎座っているときも手足をそわそわ動かし落ち着かない　　　無・有 ◎しゃべりすぎる　　　　　　　　　　　　　　　　　　　　無・有 ◎姿勢の保持が難しい　　　　　　　　　　　　　　　　　　無・有 　特記事項： 【衝動性】 ◎順番を待つことが苦手である　　　　　　　　　　　　　　無・有 ◎人の話を最後まで聞かずに話し始める　　　　　　　　　　無・有 ◎他の子ども達の活動を邪魔する　　　　　　　　　　　　　無・有 ◎すぐに周囲のものや人に対して手足が出る　　　　　　　　無・有 ◎きれやすい、すぐかっとなる　　　　　　　　　　　　　　無・有 ◎突然走り出す　　　　　　　　　　　　　　　　　　　　　無・有 特記事項： 【自己管理能力、計画性】 ◎約束を忘れて守れない　　　　　　　　　　　　　　　　　無・有 ◎見通しや計画性をもって行動しにくい　　　　　　　　　　無・有 ◎片づけが年齢相応のレベルよりはるかにできない　　　　　無・有 ◎その他の行動特性 　爪噛み　　チック症状が出ている　　　　　　　　　　　　無・有 　園や学校では，話さない　　　　　　　　　　　　　　　　無・有 　特記事項：
認知特性	○検査の結果（受けたことがあれば） 　・検査名（　　　　　　　）（受けた時期：　　年　　月　　　歳時） ○読字書字の状態 ○計算・算数の状態 ○学力検査の結果

114

感覚・運動面チェックシート

年　　月　　日記入（　　　　）

名前 （男・女）	生年月日 （　　歳　月）	年　組 （担任：　　　　　）
主　訴 （保護者・担任の願い）		利き手 右・左

感覚	○触れられることに過敏	有・無	
	○痛みに過敏・または鈍感	有・無	
	○揺れるものが苦手	有・無	
	○目が回らない	有・無	
	○砂・粘土・糊などを嫌がる	有・無	
	○温度に関係なく薄着・厚着	有・無	
	○音に過敏・鈍感	有・無	
	○水を怖がる・洗髪を嫌がる	有・無	
運動	○姿勢の保持が悪い	有・無	
	○不必要な動きが多く、静止しにくい	有・無	
	○歩行が下手・ぎこちない	有・無	
	○片足立ちが苦手　（特に右・左）	有・無	
	○スキップが下手	有・無	
	○なわとびが下手	有・無	
	○正中線交差ができない （ラジオ体操が苦手）	有・無	
	○片手ヒラヒラで反対の手が動く	有・無	
	○指でキツネができない	有・無	
	○ピアニカ・リコーダーが苦手	有・無	
	○鉛筆の持ち方がおかしい	有・無	
	○眼球運動（追視・注視）ができない	有・無	
その他	○踏ん張り感がない	有・無	
	○よく怪我をする	有・無	
	○体力がない	有・無	
	○力を入れたり抜いたりコントロールがむずかしい	有・無	
	○左と右の区別がつきにくい	有・無	
	○表情が変わらない	有・無	

読み・書きの誤り分析シート　　名前　　　　　（　　年）

項目			誤りの有無	誤り方の例
ひらがな	清音	読み	有・無	
		書き	有・無	
	濁音	読み	有・無	
		書き	有・無	
	促音	読み	有・無	
		書き	有・無	
	長音	読み	有・無	
		書き	有・無	
	拗音	読み	有・無	
		書き	有・無	
	拗長音	読み	有・無	
		書き	有・無	
	拗促音	読み	有・無	
		書き	有・無	
	助詞	読み	有・無	
		書き	有・無	
カタカナ		読み	有・無	
		書き	有・無	
単語	読み		有・無	
	意味		有・無	
漢字	形（付加・不足を含む）		有・無	
	同音への置換		有・無	
	送り仮名		有・無	
文章	聞いて理解		有・無	
	読んで理解		有・無	
総合的判断 （本児の読み書きの特徴）				

年度　グループ指導（　回）　　　　　　　　　場所：　　　　　　※グループ全体の目標と、一人ひとりの子どもの目標は異なるため、例として一人分入れています。

グループの目標：一緒に活動する友達を意識しながら、身体を動かしたり話を聞いたりする遊びが楽しめるようになる

保護者の目標：子どもの動きの見方や援助の仕方を見たり、一緒に活動する保護者同士の交流を深める

活動内容	回数	月日 / 遊びの内容	1 月 日	2 月 日	3 月 日	4 月 日	5 月 日	6 月 日	7 月 日	8 月 日	今期の到達目標
		好きな遊び	担当者を意識して、一緒に好きな遊びができる								
		あいさつ	提示された時間に着席する・自分の名前を呼ばれることがわかる・返事ができる								
		リズム遊び	音楽に合わせての動きが楽しめる（歩く・走る—止まる）								
1	A（女）（4歳）担当:B	目標	活動に嫌がらずに参加する	活動に嫌でもがんばって参加する	後半の活動には一人で参加する	後半の活動に一人で参加できる	自分でできると思う遊びに積極的に参加する	友達のモデルになることで自信をもって参加する	友達のモデルになることで自信をもって参加する	友達と一緒に自信をもって参加する	友達と一緒にする活動に自分から参加できるようになる
		保護者の感想									
		評価									
2		目標									
		保護者の感想									
		評価									
3		目標									
		保護者の感想									
		評価									
5		目標									
		保護者の感想									
		評価									
6		目標									
		保護者の感想									
		評価									

ことばをはぐくむプログラムの計画と評価

| 実施日 | 令和　年　月　日（　） | | | | 第　　回目 | | | | | |

| 名前 | | 所属 | | 利き手 | 右　左　不明 |

| 年齢 | 　　　才　　　ヶ月 | | 担当（　　　　　　　　　　　） |

| 今回の目標 | |

| スケジュール提示方法 | 写真・絵・文字・口頭 | 課題の提示 | 棚のかごに番号・1つずつ渡す | 切り替え | タイマー・時計・口頭予告・見えなくする |

スケジュール	内容	子どもの様子・評価（○で表示）								活動の様子
		① スムーズにできる	② 試行錯誤してできる	③ 口頭ヒントでできる	④ 指さしヒントでできる	⑤ 模倣してできる	⑥ 補助するとできる	⑦ 試みるができない	⑧ しない・興味がない	
部屋に入る	1. 親子で待つ									
	2. あいさつ									
	3. 荷物の整理									
	4. スケジュール確認									
机上課題	ドキ①:									
	マ②:									
	キ③:									
	グッド④:									
やりたい遊び	1. ボードから選択									
	2. 要求									
	3. 選んだ遊び【　　　　　】	（遊びの様子）								
	4. 片づけ									
退室	1. 出席シールを貼る									
	2. 荷物を鞄に入れる									
	3. 靴の履き替え									
	4. あいさつ									

（担当者から保護者へ）	（保護者から担当者へ）

第　回　小集団プログラム（　月　日）担当（　　　　）　　　名前 _____

時　間　　時　　分～　　時　　分

長期目標	・友達と一緒に遊ぶ力をつける ①人の話を集中して聞く②3つ位の指示を理解して行動できる。③友達を意識して一緒に活動できる ④基本的な手指の操作力・身体イメージをつける

短期目標（今回の目標）

　　　①自分のことばで説明できる

　　　②活動中、友達とことばで適切にやりとりする

　　　③係の仕事に自信をもって取り組む

評　価：あてはまる様子に〇をつけてください
5・・・できた　4・・ほぼ一人で　3・・個別に声かけ
2・・個別に手助け　1・・・できない・やらない

	取り組み内容	ねらい（必要とする力）	5	4	3	2	1	気づかれたこと
始めの会	①名札をつけシールを貼る	・自分で名札がつけられる						
	②持ち物の整理・提出	・自分で宿題を出し、ファイルを棚に入れる						
	③あいさつ　日付と曜日の確認	・日の呼び方、1週間の曜日に気づく						
	④スケジュールの確認	・今日の流れを理解し、見通しを持つ						
手遊び・インタビュー	①手遊び「おてらのおしょうさん」1回目	・友達と手を合わせじゃんけんする手遊びができる。負けたら交代する						
	②インタビュー（名前・ルート）	・自分のルートを言葉で伝える						
	「時計」とはなんですか？	・友達の話を集中して聞く						
よく見よう	花シールビンゴ(5分)	・課題の指示を正しく聞き取り理解できる						
		・見本と同じが見つけられ、ビンゴになっているところがどこか見つけられる						
よく聞こう	〇×クイズ(5問)	・課題が理解でき、自分で移動する						
	●意味がわからなかった時	・集中して、言われた内容をイメージする						
	●聞き逃した時	・分からないときヘルプが出せる						
	●人にわかるように話す	・自分で理由を説明できる						
みんなでゲーム	エンドレス人間すごろく （ステップを20個輪につなぐ 好きな所からスタート 途中、札のあるステップに 止まった時は指示に従う）	・ゲームのルールを理解して楽しめる						
		・さいころの目の数だけ動く						
		・順番を守って、動かずにいられる						
		・拾った札が読め、適切に答えられる						
終わりの会	①腹筋・背筋のストレッチ	・10秒ずつがんばる						
	②宿題の説明を聞く	・説明が理解できる						
	③あいさつ	・挨拶ができる						
	④片づけ	・自分で名札を外し、ファイリングできる						

全体を通して： 今日の係　司　会：（　　　） 　　　　　板　書：（　　　） 　　　　　配り係：（　　　）	・仕事内容は理解できていた						
	・友達への伝え方は適切						
	・活動の切り替えはできていた						
（保護者から担当者へ）	（担当者から保護者へ）						

きょうのしゅくだい

なまえ ＿＿＿＿＿＿＿＿＿＿＿

1 てあそび　「おてらのおしょうさん」
　きょうのてあそびを　いえでれんしゅうしよう
　おてらのおしょうさんががぼちゃのたねをまきました

　　きょう、いっしょに　てあそびしたおともだちは

　　┌──────────────────┐
　　└──────────────────┘です。

　　かったのは、　┌──────────────┐
　　　　　　　　　└──────────────┘です。

2 みんなのまえで、はなすことをかんがえる
　　　2がっきで、たのしかったことは、

　┌─────────────────────────┐
　│　　　　　　　　　　　　　　　　　　　　　　　　　│
　│　　　　　　　　　　　　　　　　　　　　　　　　　│
　└─────────────────────────┘

3 らいしゅうのなぞなぞ（みのまわりなぞなぞ）
　こたえを　かんがえておきましょう
　　①トラが　おならを　する　あそびは　なあに
　　┌─────────────────────┐
　　└─────────────────────┘

　　②ぼうっとした　うしが　かぶっているものは
　　┌─────────────────────┐
　　└─────────────────────┘

　　③コロコロと　ころがる　さいは　なあに
　　┌─────────────────────┐
　　└─────────────────────┘

　　④いつもぶたが、ねているところは　どこ
　　┌─────────────────────┐
　　└─────────────────────┘

　　⑤こっぷは　こっぷでも　すなばでつかう　こっぷは
　　┌─────────────────────┐
　　└─────────────────────┘

シールビンゴ( )回目

1. すきなばしょに、すきなしーるを
   はりましょう
2. かーどを　めくって　いいます
3. いわれたしーるに　まるを　つけます
4. たて・よこ・ななめ　そろったら
   「びんご」といいましょう

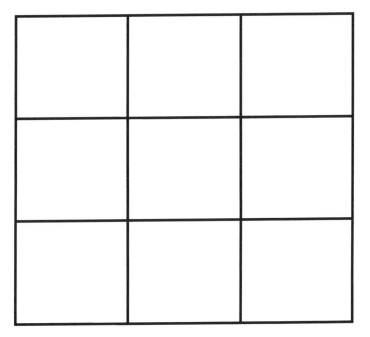

　　　できた　びんごは　（　　　）ほん

なまえをかいて　くばりかかりに　わたしましょう

なまえ

おうちの人へ　　持って帰ったプリントで、「これ何のシールかな?」と、確認してください。

※　今回から、はなのビンゴゲームをします。いわれたはながわかるかな?
友達が言うのを聞き落さない・丸を付けていって、ビンゴになっているのがわかる
ななめのビンゴを見逃さない　などが　ポイントになります。

シールが、何枚？

なまえ（　　　　　　　）

月　　日（　　）

「■」が、せんの上に、いくつ、はれるかな？

もんだい		よそう	こたえ
①			
②			
③			
④			
⑤			

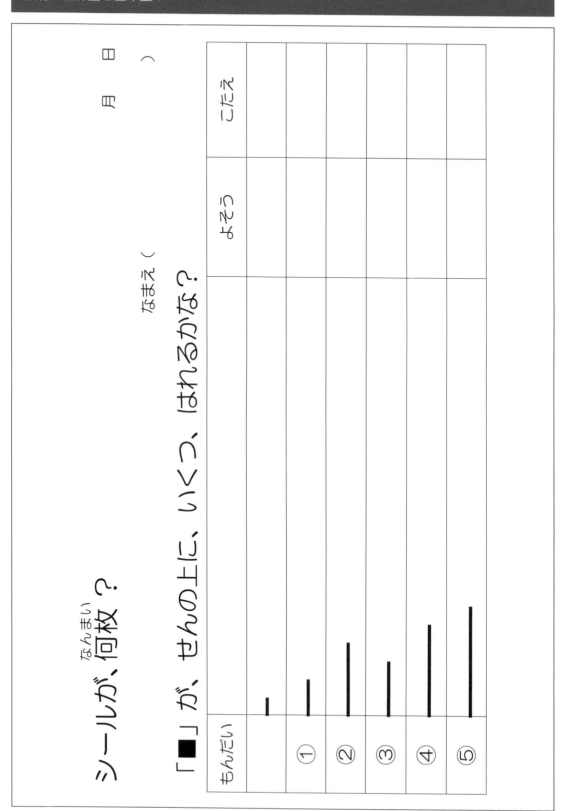

シールが、何枚？

月　　日

なまえ（　　　　　　　　　　　）

「■」が、せんの上に、いくつ、はれるかな？

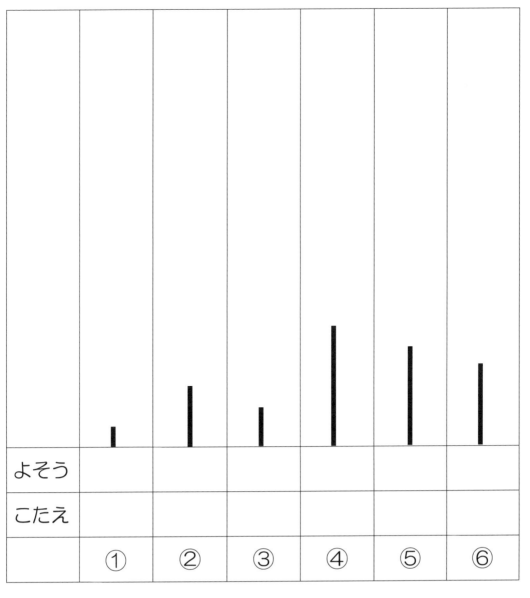

	①	②	③	④	⑤	⑥
よそう						
こたえ						

| おはじきカーリング | とくてん 記入 ^{きにゅう} | 月　日 |

おはじきカーリング とくてん 記入（きにゅう）　月　日

なまえ（　　　　　　　　　）

	十 の位	一 の位
（こすう） とくてん		
よみかた		

	百 の位	十 の位	一 の位
（こすう） とくてん			
よみかた			

5は、いくつといくつ？　　　　　月　　日

○にすうじをかきましょう。

10 は、いくつといくつ？

〇にすうじをかきましょう。

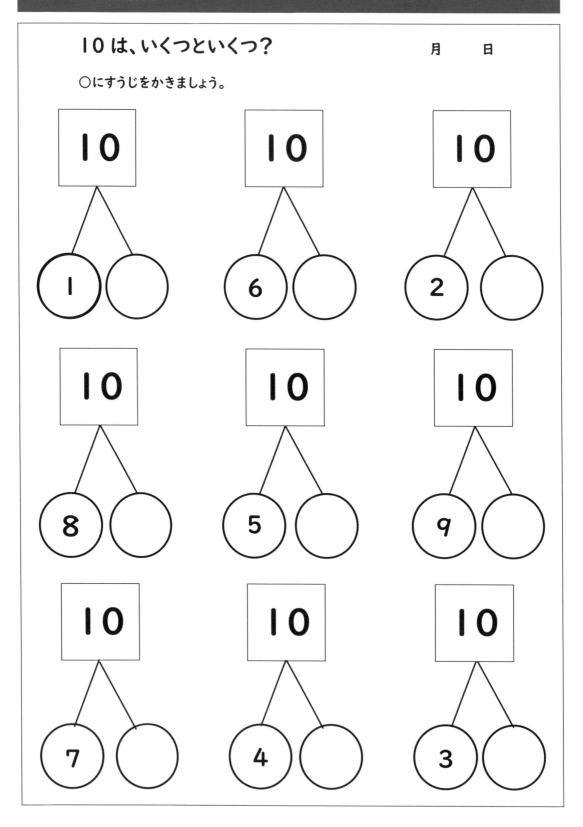

おはなしをよんで、かんがえよう！ 　　　月　　日

なまえ（　　　　　　　　）

【えやず】

しき

けいさんメモ

こたえ

年　月　日

めざせ　（計算時間）ピッタリ 名人！

名前（　　　　　　　　　）

よそう時間 □

かかった時間 □

ひき算（くりさがりなし）10問

① $6-5=$ □
② $9-9=$ □
③ $8-4=$ □
④ $9-8=$ □
⑤ $8-7=$ □
⑥ $3-2=$ □
⑦ $7-6=$ □
⑧ $7-4=$ □
⑨ $9-2=$ □
⑩ $8-3=$ □

年　　月　　日

めざせ　（計算時間）ピッタリ 名人！

名前（　　　　　　　　　　　　）

よそう時間

かかった時間

たし算（くりあがりあり）10問

① $6+5=$

② $2+9=$

③ $8+4=$

④ $5+8=$

⑤ $1+9=$

⑥ $3+9=$

⑦ $7+6=$

⑧ $4+7=$

⑨ $9+2=$

⑩ $3+8=$

きょうの 予定（帰ってから、すること）　　　　　　月　　　日

※１：終わったら、✔をつけましょう。やりやすいことからやってみましょう。

✔	すること

※２：おおよその 時間にすることを 決めて、終わったら 色を 塗りましょう。

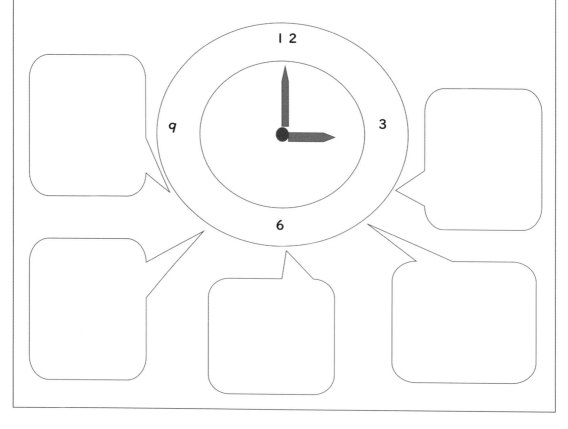

1週間の 予定（1週間の 3日間でできること）　　　月　　　日

すること【　　　　　　　　　　　　　　　　　】

パターン A（先にする 日や 曜日を 決めて 始める）かパターン B（した 日に○をつける）のどちらかを 使いましょう。

パターン A

※終わったら、完了のところに○をつけましょう。

手順や 内容	する 日と 曜日	完了

パターン B

※する 予定の 曜日のところに○をつけましょう。終わったら、◎にしましょう。

手順や 内容	月	火	水	木	金	土	日

きもちチェックリスト

なまえ（　　　　　　　　　）

記入日	記入日	記入日	記入日	記入日
／	／	／	／	／

ワクワク たのしい	ワクワク たのしい	ワクワク たのしい	ワクワク たのしい	ワクワク たのしい
ルンルン しあわせ	ルンルン しあわせ	ルンルン しあわせ	ルンルン しあわせ	ルンルン しあわせ
やるき モリモリ	やるき モリモリ	やるき モリモリ	やるき モリモリ	やるき モリモリ
ドキドキ びっくり	ドキドキ びっくり	ドキドキ びっくり	ドキドキ びっくり	ドキドキ びっくり
すっきり さわやか	すっきり さわやか	すっきり さわやか	すっきり さわやか	すっきり さわやか
メソメソ なきたい	メソメソ なきたい	メソメソ なきたい	メソメソ なきたい	メソメソ なきたい
イライラ はらだつ	イライラ はらだつ	イライラ はらだつ	イライラ はらだつ	イライラ はらだつ
ズズーン おちこむ	ズズーン おちこむ	ズズーン おちこむ	ズズーン おちこむ	ズズーン おちこむ

♡かいてみて、きがついたことはありましたか？

きもちチェックリスト（それはどこから？）

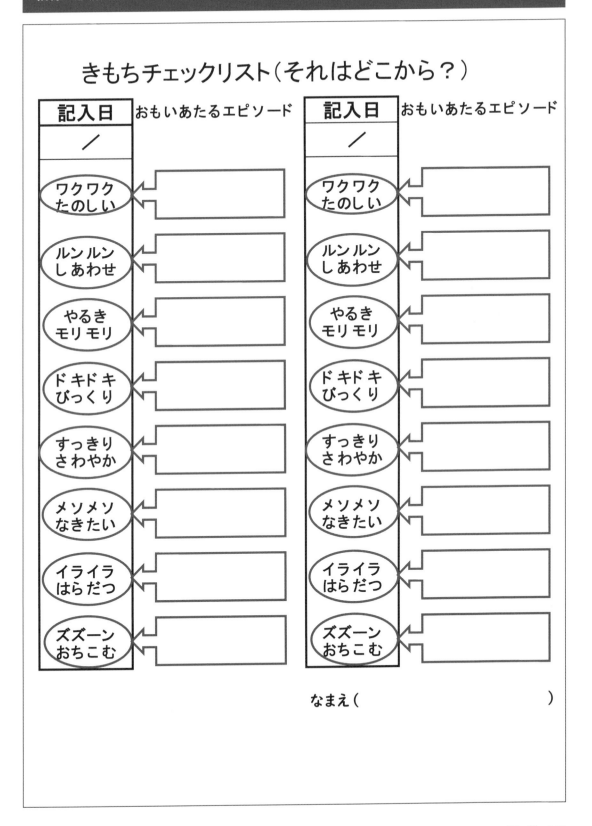

記入日	おもいあたるエピソード	記入日	おもいあたるエピソード
／		／	

ワクワク たのしい

ルン ルン しあわせ

やるき モリ モリ

ド キ ド キ びっくり

すっきり さわやか

メソメソ なきたい

イライラ はらだつ

ズ ズ ーン おちこむ

なまえ（　　　　　　　　　　　）

ココロの温度計

こんなときのあなたのこころは、どのくらいあつくなるかな？

どうしよう、
かえりみちに、よく
ほえる犬がいるよ。

たいへんだ！
しゅくだいを
わすれてきちゃった。

となりのこどもが
ちょっかいかけて
くるよ、うざいなあ。

5
4
3
2
1
0

5
4
3
2
1
0

5
4
3
2
1
0